鎌倉を読み解く

中世都市の内と外

秋山哲雄
AKIYAMA Tetsuo

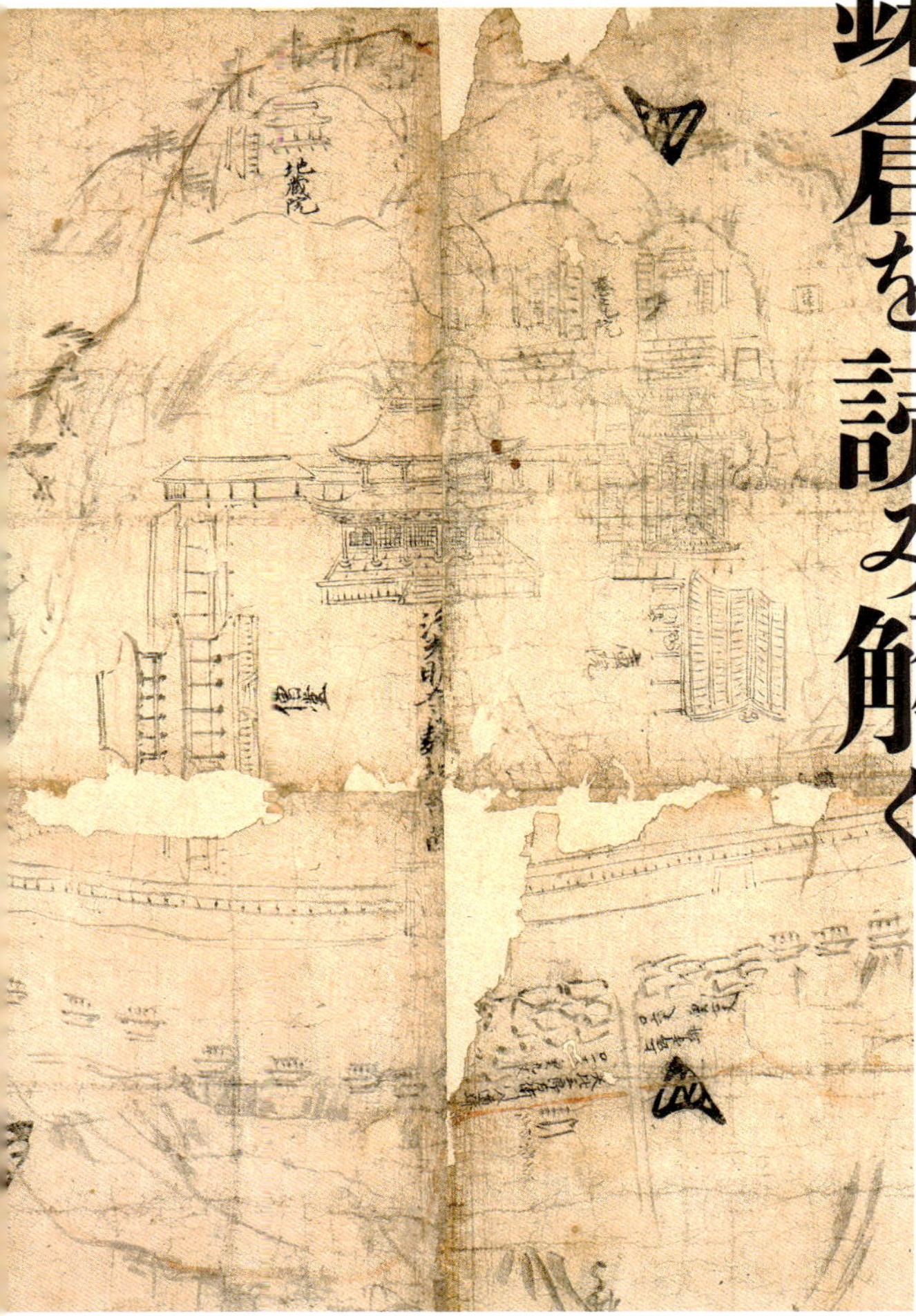

勉誠出版

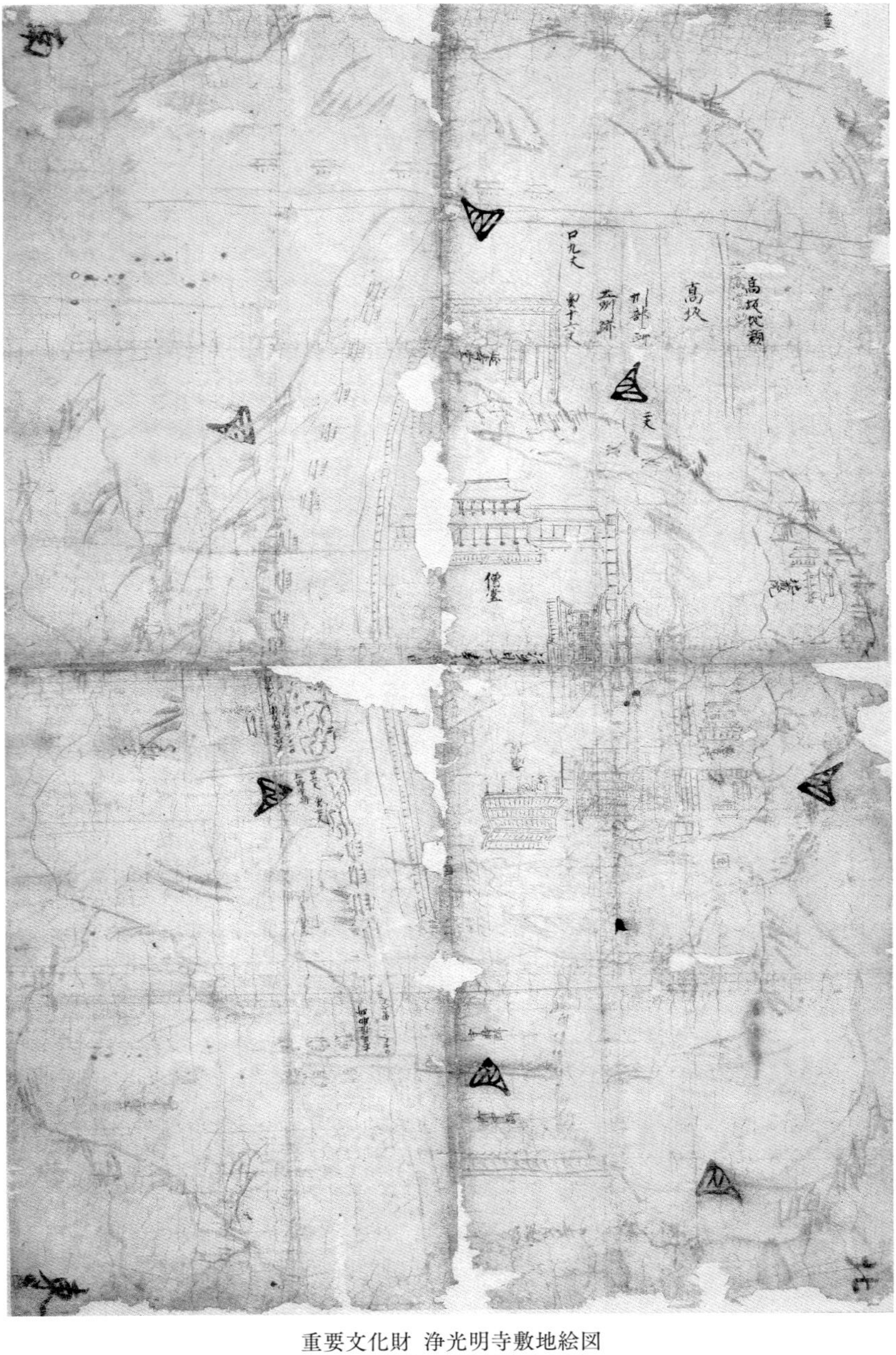

重要文化財 浄光明寺敷地絵図
（浄光明寺蔵・鎌倉国宝館寄託）

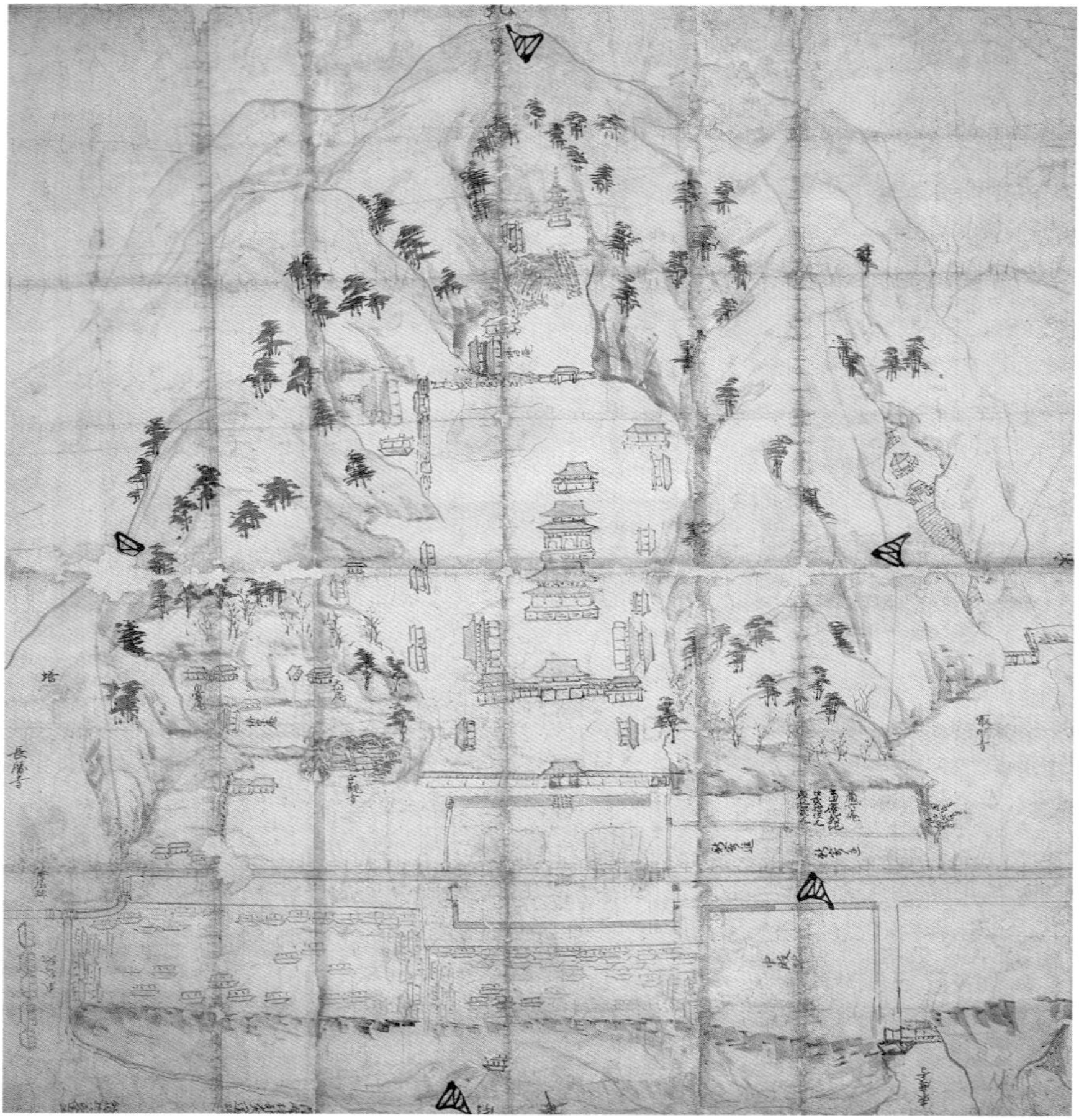

重要文化財 円覚寺境内絵図
(円覚寺蔵・鎌倉国宝館寄託)

巻頭言

鎌倉時代の都市鎌倉について考察することは、鎌倉幕府を論じる際にも非常に重要な要素となる。また、中世を代表するような都市である鎌倉の内実を明らかにすることは、中世の都市や都市民の在り方を描き出すことにもつながる議論となる。さらに、人や物が多く集積された鎌倉の様相をとらえることは、鎌倉を往来する人々の営みを明らかにすることへとつながる。

そこで本書では、まずは序章「都市鎌倉研究の現在」で鎌倉に関する研究史を、文献史学のみならず、考古学、人類学などの成果も含めて概観する。鎌倉は残念ながら世界遺産への登録が見送られてしまったが、鎌倉が多くの豊かな論点をもつ貴重な考察対象であることは疑いない。世界遺産の登録がならなかったからといって、鎌倉の価値が損なわれる訳ではなく、鎌倉には鎌倉なりの魅力が豊富にあるのである。

つづく第一章「成立期鎌倉のかたち」では、都市鎌倉の草創期の在り方をあきらかにする。その際のキーワードは「道」「館」「寺」である。「道」については、鎌倉に先行する都市である平泉を検討した八重樫忠郎氏が「平泉という領域」(『都市鎌倉のかたち』（中世都市研究一六）山川出版社、二〇一一年）の中で「平泉の発展形態がすべて道を基準としたものであった」と唱え、放射状に延びる道に沿って、遺構が広がることを指摘している。この指摘と同様に、鎌倉も「道」「館」「寺」という順にそのかたちが作られていったことを示す。

第二章「移動する武士たち」では、本貫地や鎌倉、京都などを往来する人々の姿を、オムニバス的に検討し、御家人たちが、鎌倉にべったりと集住していた訳ではないことを提示する。これは、拙稿「都市鎌倉における東国御家人」（『北条氏権力と都市鎌倉』吉川弘文館、二〇〇六年。初出は二〇〇五年）で指摘したことでもある。

また、第三章「都市の地主」では、二つの寺院の敷地を描いた絵図を検討し、鎌倉の都市民の居住形態や、鎌倉内の寺院の在り方をそれぞれ明らかにしていく。そして、寺院の多い鎌倉ならではの寺院の在り方を提示することを試みる。

そして第四章「北条政子の居所とその政治的立場」では、政子がどこを居所としていたのかを明らかにした上で、その居所が北条政子の政治的立場を表していることを指摘する。特に「東御所」とよばれる建物が、大倉御所の郭内にあったかどうかなどといった、従来の議論に対して、一定の見解を示す。

つづく第五章「都市鎌倉における永福寺の歴史的性格」では、鎌倉にある永福寺《ようふくじ》が、鎌倉の外側に対してどのような意味を発していたのかを、堂舎の実態も含めて探っていく。従来、永福寺は奥州合戦と関連付けられてきたが、もう少し長いスパンで考えると、奥州合戦にとどまらない意義を永福寺がもっていたことを指摘する。

最後に第六章「鎌倉幕府の大将軍」では、鎌倉幕府が派遣する大将軍と、都市鎌倉との関わりを検討していく。ここでいう将軍とは、鎌倉幕府の頂点に形式上位置する征夷大将軍のことではなく、承久の乱や元弘の変で京都へと軍勢を率いた大将軍、あるいは蒙古襲来に備えるために鎌倉から鎮西に送られた大将軍のことを指す。この大将軍には、いかなる根拠によって誰が任命されたのかを明らかにした上で、さらなる議論を喚起するつもりである。

以上のような序章を含めた七つの章によって、中世鎌倉のもつ歴史的意義について明らかにしていきたい。

目次

序章　都市鎌倉研究の現在

はじめに

鎌倉幕府の置かれた都市鎌倉を研究することは、東国の軍事政権としての幕府や、武家政権としての鎌倉幕府を考えることにまでひろがるような、中世前期における非常に重要な論点のひとつである。研究対象としての都市鎌倉はこれまでも重要なものであったが、ここ数年のあいだは特に注目が集まっている。(1)

また、網野善彦・石井進・大三輪龍彦の三氏が主導し、一九九三年に第一回の研究集会が開催された「中世都市研究会」の活動に象徴されるように、文献史学や考古学などの協業によって中世都市を明らかにしていこうという動きが一九九〇年代に高まったこともあり、都市鎌倉研究もこの動きを牽引しつつ大きく進展してきた。

開発による緊急発掘調査が多くおこなわれたことがこうした動きの背景にあったため、鎌倉を対象とした当時の研究は、考古学を中心に進められた。大三輪龍彦編『中世鎌倉の発掘』（有隣堂、一九八三年）、石井進・大三輪龍彦編『よみがえる中世三「武士の都鎌倉」』（平凡社、一九八九年）、鎌倉考古学研究所編『中世都市鎌倉を掘る』（日本エディタースクール出版部、一九九四年）などはその成果である。

その後の鎌倉研究の動向を整理したのは、高橋慎一朗氏である。高橋慎一朗「日本中世前期都市史研究の現在」（都市史研究会編『年報都市史研究七　首都性』山川出版社、一九九九年）では、活発な考古学の議論にくらべ、文献史学はやや低調であると指摘したうえで、当時の文献史学の研究動向を三点指摘している。すなわち、①武士の邸宅の所在地に関する研究、②宗教という視点、③水上交通という視点の三点である。

①の前提として、松尾剛次氏[2]が将軍御所の位置を確定したことがあげられる。また、高橋慎一朗氏が安達氏の邸宅の所在地に比定した地域[3]では、近年になって安達一族に関するとおぼしき番文[4]が発掘されるなど、その後の研究に直結する部分も多い。

拙稿「都市鎌倉における北条氏の邸宅と寺院」（『北条氏権力と都市鎌倉』吉川弘文館、二〇〇六年。初出は一九九七年）でも、北条氏の邸宅の位置を特定することを試みて、居住する場所が邸宅の主の政治的な立場を反映することを示した。また拙稿「北条政子の居所とその政治的立場」（本書第四章。初出は二〇一三年）でも、北条政子の居所を比定し、その政治的立場を考察した。御所や北条氏の邸宅については、建築史の立場から藤田盟児氏が、その空間構成に関わる研究[5]を着実に進めている。

②も長く松尾剛次氏の独壇場であったが、近年では、考古学的な分野で宗教と向き合おうとするような、「やぐら」や葬送などと関わる研究も進んでいる。由比ガ浜南遺跡で大量の埋葬遺構が検出されたことをうけてシンポジウムが開催され、その成果が、五味文彦・齋木秀雄編『中世都市鎌倉と死の世界』（高志書院、二〇〇二年）にまとめられたのも、研究を大きく進める要因となった。

③は、斉藤直子氏[6]の研究などを契機として議論がさかんとなり、二〇〇四年に刊行された『国立歴史民俗博物館研究報告』一一八号には、上本進二「鎌倉の地形発達史」、南出眞助「鎌倉滑川河道の再検討」、平川南「中世都市鎌倉以前」などの成果が収められている。

一方で考古学の分野での鎌倉研究史を整理したものとして、河野眞知郎「政権都市「鎌倉」」（『鎌倉考古学の基礎的研究』高志書院、二〇一五年。初出は二〇〇四年）があげられる。河野氏は今後検討すべき点として以下の六つを示している。すなわち、①都市の広さ、②政権中枢の場、③武士の集住、④権力者による社寺造営、⑤墓葬と被葬者、⑥物資流通と都市生活、の六点である。鎌倉研究に長年にわたって携わってきた河野氏の提言は傾聴に値するだろう。実際に、これらの点についての研究は、後述するように現在も進行しつつある。

高橋氏や河野氏が研究史を整理した後も、鎌倉研究は文献史学・考古学などの諸分野において進展している。そこで本章では、二〇〇〇年以降を目安として、文献史学を中心に考古学や建築史学・人類学などにも目を配りながら、近年の鎌倉研究の現状を示すことを目指す。

文献史学を専門とする筆者にとって、その他の分野の成果を紹介するのはやや荷の重い課題ではあるが、あえてこの課題に取り組むことで、諸分野の間に立ちはだかる壁を少しでも取り除くことができればと考えている。

もちろん本章が、文献史学の立場からの研究史認識であることは言うまでもない。したがって本章では、研究論文や著作の形で公表されたものを対象とし、個別の発掘調査報告書などを掲げることはしなかった。個別の遺物や遺構などついても、鎌倉の都市論に直接かかわるもの以外は扱っていない。いずれも各分野からの批判を待ちたい。

第一節　それまでの鎌倉

一　城塞都市説と計画都市説の克服

武家政権の所在地ということもあって、鎌倉は城塞的な都市であるという印象が強い。しかし、鎌倉の城塞都市的な側面はあまり強調できないという見解が、現在では有力のようである。たとえば、岡陽一郎「幻影の鎌倉城」（五味文彦・馬淵和雄編『中世都市鎌倉の実像と境界』高志書院、二〇〇四年）では、これまで軍事的な施設だとされてきた遺構や史料を逐一検討し、その軍事性を否定したうえで、鎌倉に恒常的な軍事施設は見られないとしている。従来の研究に対して細かく反証していく過程は、説得力に富む。

伊藤正義「武家の都・鎌倉を護る龍神Ⅰ・Ⅱ」（『文化財学雑誌』四・五、二〇〇八・二〇〇九年）でも、鎌倉の城塞都市説は否定されている。ただしここでは、近年に発掘された極楽寺旧境内の山稜部にみられる一升枡遺跡や五合枡遺跡などは、防衛遺構だと評価している。これら防衛遺構が造営された背景には、十三世紀後半の蒙古襲来に対する恐怖心があったと指摘し、蒙古襲来の脅威から鎌倉を守護する「龍神・龍体」を鎌倉の地形・山稜景観に見いだしている。

すでに『玉葉』の「鎌倉城」という表現が城塞を示すものではないことを中澤克昭氏[7]が指摘しており、岡・伊藤両氏もこれに賛同して論を組み立てている。軍事政権の所在地であるがゆえに、これまで多くの史料や遺構が軍事性を前提にして考えられてきたが、鎌倉を城塞的に評価することに対して、現在の研究はかなり否定的だといえよう。

城塞的要素と同様に、鎌倉における都城のような都市計画の存在も近年は否定されつつある。かつて『鎌倉市史』[8]が鎌倉を自然発生的な都市と評価したのに対して、大三輪龍彦氏[9]や馬淵和雄氏[10]は、鎌倉に京都のような碁盤の目条の都市計画を想定していた。これらの説が完全に覆されたわけではないが、想定された計画に沿った遺構が検出されず、具体的な痕跡に乏しいことから、現在では、都城的な都市計画の存在は疑問視されている。拙稿「鎌倉中心部の形成とその構造」（『北条氏権力と都市鎌倉』吉川弘文館、二〇〇六年。初出は一九九九年）でも、若宮大路周辺の遺構を根拠に、土地利用に対する若宮大路の影響力が限定的であることを示した。

都市計画はあったが完全には実施されなかったという発想もあり得るが、それを証明するのは困難を極める。したがって現在では、計画の有無を議論するよりも、当時の様相をまずは復元しようという傾向にあるようである。

二　成立期の鎌倉の評価をめぐって

鎌倉に居を構えた後、源頼朝が鎌倉という都市の開発にある程度の構想を持っていた可能性はある。近年は頼朝の鎌倉入り前後の鎌倉に対する評価をめぐって、いくつかの論稿が発表されている。

馬淵和雄「中世都市鎌倉成立前史」（『中世都市鎌倉の実像と境界』高志書院、二〇〇四年）では、主に発掘調査の成果を材料としながら、頼朝以前の鎌倉について考察している。弥生時代にはすでに一定の集落が形成されており、古代には郡衙が置かれていたことが、考古学の立場から指摘できるという。考古学の成果による頼朝以前の鎌倉の復元は、一定の説得力をもつ。

ただし、頼朝の父である源義朝が館を構えた段階で、すでに鎌倉に防御施設があったとする説にはやや疑問を感じる。頼朝が住むまで鎌倉に何もなかったとは思えないが、馬淵氏の指摘する塁壁は構築年代を明らかにすることはできないので、それが義朝段階までさかのぼるかどうかは慎重に検討しなければなるまい。

この塁壁を除けば、馬淵氏のあげた六つの事例はいずれも十二世紀後半と指摘されている。ここで遺構の年代について検討する余裕はないが、源頼朝が鎌倉に入ったのは治承四年（一一八〇）であり、どこまでを頼朝以前とするのか、微妙な判断が求められるところである。

おおむね十二世紀後半と評価できる鎌倉の遺構を中心的にとりあげて論じたのが、岡陽一郎「中世都市鎌倉の成立と変貌」（『交流・物流・越境』（中世都市研究一一）新人物往来社、二〇〇五年）、同「鎌倉の変容」（『鎌倉時代の考古学』高志書院、二〇〇六年）である。

岡氏は、十二世紀第3四半期から十三世紀前半に鎌倉でみられる「鎌倉初期3点セット」とでも呼ぶべき、大型柱穴列・大型掘立柱建物・V字堀に注目し、これらが東国における武士の館の系譜に位置づけられるとしている。遺構の年代にはある程度の幅があるはずなので、これらの遺構を頼朝以前と積極的に評価すべきかどうかは、馬淵氏の論稿と同様に慎重に判断すべきであろう。

しかし、十二世紀後半の遺構に対する評価は、鎌倉の成立を考えるに当たって非常に貴重な論点となり得る。

岡氏の議論の背景には、小野正敏「中世武士の館、その建物系譜と景観」（小野正敏・五味文彦・萩原三雄編『東と西、北と南の世界　中世の系譜』高志書院、二〇〇四年）がある。小野氏は、東国で寝殿造系の建物が浸透しなかったのは、東国在来の四面庇の主屋と長大な侍所および厩からなる館の形式を、東国の武士たちがその後もあえて選んでいたからではないかと推測している。一方で、館に付属するような御堂（持仏堂）や寺院は、京都の文化を真似たのだと考えている。

京都の文化は、しばしば平泉経由で鎌倉にやってきたと指摘される。たとえば飯村均「平泉から鎌倉へ」（『中世奥羽のムラとマチ』東京大学出版会、二〇〇九年。初出は一九九七年）では、いわゆる手づくねかわらけの器形や調整方法などから、平泉と鎌倉の連続性を想定している。

一方で平泉と鎌倉で出土する遺物を比較した、鈴木弘太「一二世紀の二つの都市」（『平泉文化研究年報』八、二〇〇八年）は、平泉のかわらけの口径が時代とともに一五センチから一三・五センチへと小さくなるのに対して、鎌倉のかわらけは口径の平均値が一四・一六センチと平泉よりも大きいことから、かわらけの大きさについては平泉と鎌倉との間に連続性はないと指摘する。

先行する都市と鎌倉には連続しない面があるということは、すでに服部実喜「南関東地域における中近世建物遺構の変遷」（湯川滋男・箱崎和久編『埋もれた中近世の住まい』同成社、二〇〇一年）が指摘している。服部氏は、鎌倉時代前期の鎌倉における武家屋敷には貴族住宅の様式を導入した形跡がなく、この時期は礎石建物ではなく総柱建物であり、礎石建物の本格的な普及は鎌倉時代後期であった可能性が高いとする。

また、藤田盟児「鎌倉前半期における上層武家住宅の実態と変遷過程」（『建築史学』五三、二〇〇九年）は、執権の邸宅を中心に、十三世紀前半の都市鎌倉における上層武家住宅について検討し、同時期の寝殿造の出居とは形態・機能ともに異質な、「出居《いでい》」とよばれる接客室を武家住宅は備えており、武家住宅は寝殿造ではなかったことを指摘している。このことから藤田氏は、武家が公家や寺家とは異なる生活を営んでいたと主張し、武家・公家・寺家を同列にとらえる権門体制論への批判を試みている。

岡・小野・藤田各氏が強調するような、武士や東国の独自性をどこまで評価できるのかについては議論の余地は残るが、小野・飯村・鈴木各氏の指摘するような、京都や平泉と鎌倉との連続面と非連続面は、成立期の鎌倉を考えるうえで非常に重要な論点であろう。

また十三世紀後半には、岡氏のいう「鎌倉初期3点セット」が姿を消し、服部氏の指摘するように礎石建物が出現するなど、それまで京都の影響を受けてこなかった部分に京都の影響が出てくるようになるといった現象も、あわせて検討しなければなるまい。成立期の鎌倉の独自性を強調すればするほど、以後の鎌倉が色あせていく印象になるのではないかという若干の危惧を感じる。

ちなみに、拙稿「成立期鎌倉のかたち」（『都市のかたち』〈本書第一章。初出は二〇一一年〉）でも成立期の鎌倉について検討し、道・館・寺の順に都市が形成されることを指摘して、当時の鎌倉は、道沿いに館や寺が点々と営まれるような、散在的なかたちをしていたのではないかと結論づけた。

第二節　鎌倉の都市域

一　鎌倉都市域を特定する試み

都市とは何かという問いと同じように、どこまでが都市域かという問いもまた難問である。近年の鎌倉研究では、都市域内とみなすためのいくつかの指標が示されている。具体的には、排水施設・輸入陶磁器・かわらけの三点である。

かつて宗臺秀明氏は、鎌倉における給排水を概観し、河川の流路を人為的に固定化することで、鎌倉は中世都市としての空間を保持しえたと指摘した[11]。つまり都市域内では、河川の流路を人工的に変更することがあるというのである。

火災・水害・風害に注目した高橋慎一朗「鎌倉と災害」（『開発と災害』（中世都市研究一四）新人物往来社、二〇〇八年）は[12]、開発や造成に伴う河川の埋め立てや流路変更などが鎌倉でおこなわれていたことを指摘する。また、排水処理能力が追いつかない状況で小河川が氾濫するのが都市型水害であり、鎌倉では、その原因となるような溝の整備による流水量の増加・集中や生活排水の増加などが多く見られたとしている。

排水施設である溝について検討を加えたのが、宇都洋平「木組み側溝からみた鎌倉遺跡群の区画」（『都市を区切る』（中世都市研究一五）山川出版社、二〇一〇年）である。宇都氏は、鎌倉で検出される道に伴う側溝を、素掘りと木組みとの二つに分類したうえで、将軍の御所が若宮大路周辺に移転した十三世紀中頃以降に、御所周辺で木組み構造の側溝が登場していることから、幕府の重点施設周辺に木組みの構造をもつ側溝が敷設されたのではないかと指摘している。

なお、側溝から出土した木簡に書かれた人名から考察を広げた論稿に、松吉大樹「得宗被官化についての一考察」（『鶴見考古』二、二〇〇六年）がある。

宗臺・高橋両氏の指摘によって、排水管理が都市域で特徴的に見られる問題であることは明らかなのだが、宇都氏の指摘するように、鎌倉の場合には、都市域全体に及ぶ統一的な排水管理がおこなわれていた訳ではないようである。

一方で、排水のための溝という遺構だけではなく、輸入陶磁器などの遺物の分布に基づいた都市域の想定もおこなわれている。

鈴木弘太「中世鎌倉の初期地形と都市領域」（『中世鎌倉の都市構造と竪穴建物』同成社、二〇一三年。初出は二〇一一年）では、鎌倉の地形を復元して海岸線を推定したうえで、龍泉窯系青磁《りゅうせんようけいせいじ》Ⅰ類と同《どう》安窯系青磁《あんようけいせいじ》が出土した調査地点を地図に示し、それが復元した地形の微高地に集中していることを指摘して、その微高地こそが頼朝の考えた鎌倉の都市域であるとしている。そして十三世紀中頃以降には、その都市域が拡大していくと主張する。

頼朝がそう考えていたかどうかは証明するすべもないが、鈴木氏の見解にしたがえば、比較的高価な器である輸入陶磁器を使用していた地域が都市域ということになる。具体的な遺物の分布から初期鎌倉のあり方を想定したこの見解は興味深い。

鈴木氏と同様に輸入陶磁器を素材に都市鎌倉の変遷を考察したのが、水澤幸一「出土層位からみた鎌倉遺跡群の遺物様相」（『陶磁器の社会史』桂書房、二〇〇六年）である。水澤氏は、貿易陶磁器の椀皿を検討の対象として、青磁劃花文《せいじかっかもん》・同安技法《どうあんぎほう》のものは十二世紀後半に、青磁鎬蓮弁紋《せいじしのぎれんべんもん》は一二二〇年代に、白磁口禿《はくじくちはげ》は一二五〇年以降になると見られるようになり、貿易陶磁器が鎌倉に順次搬入されていたことを指摘する。そのうえで、これは貿易陶磁器がコンスタントに入ってきている日本海沿岸地域と同様だとしている。

遺物から鎌倉の都市域を考える論稿は、これまでに馬淵和雄「食器からみた中世鎌倉の都市空間」（『国立歴史民俗博物館研究報告』七一、一九九七年）が発表されていた。馬淵氏は鎌倉で出土した土師器《はじき》の総破片数を計量し、都市中核部にその量が多いのに対して、海岸部には少ないことを指摘している。なお、同時に掲載されている「中世食器の地域性　付1――鎌倉――」では、遺物（口はげ白磁皿や竜泉窯青磁蓮弁文椀《りゅうせんようせいじれんべんもんわん》）のそれまでの編年に疑義を呈して再検討している。

同じように出土遺物を扱った齋木秀雄「出土遺物からみる鎌倉の開発」（『国立歴史民俗博物館研究報告』一一八、二〇〇四年）では、「かわらけ」を1期：頼朝以前、2期：頼朝以後、3期：源氏統治の鎌倉、4期：北条氏統治の鎌倉、の四時期に分類し、1期は鶴岡八幡宮周辺でしか出土しなかったのが、2期になると鎌倉駅周辺、若宮大路二の鳥居北側周辺、鶴岡八幡宮から大倉地域まで拡大し、3期には由比ガ浜の砂丘域、坂の下地域を除いて出土するようになり、4期にはさらに地域が拡大してほぼ丘陵に囲まれた市内全域から出土することを指摘している。

馬淵氏は土師器を使用していた地域を、齋木氏は「かわらけ」を使用していた地域をそれぞれ都市域として考えているということになる。

実は、馬淵・齋木両氏が検討した土師器と「かわらけ」は、おそらく同じものを指している。水澤氏の検討した白磁口禿や青磁鎬蓮弁紋と、馬淵氏の検討した口はげ白磁皿や竜泉窯青磁蓮弁文椀もまた、おそらく同じものであろう。鈴木氏の検討した同安窯系青磁と水澤氏の検討した同安技法の違いも気になるところである。これらの成果を批判的に検証することは筆者の能力を超えるが、性格の近い遺物をそれぞれ扱っていることは理解できる。文献史学者だから分からないというのは安易な態度であることは十分に承知しているが、まずは考古学者相互の議論を期待したい。

なお、鎌倉出土の土器・陶磁器の消長は、鎌倉への物資搬入と使用が十三世紀第1四半期と第2四半期の間に大きな飛躍があったことを示しており、元弘三年（一三三三）の鎌倉幕府滅亡の前後にはあまり大きな変化はなかったことが、宗臺秀明「中世鎌倉の都市性」（『白門考古論叢』Ⅱ、二〇〇八年）によって指摘されている。大きな飛躍のあった時期は、摂家将軍が始まり、将軍御所が若宮大路周辺へ移った時期でもあることは興味深い。

二　鎌倉都市域の実像

都市域を明確に示すのは容易ではないが、鎌倉のなかでも明らかに都市域と考えられる地域はある。そうした都市域内の現状を具体的に解明しようという研究が近年になっていくつか発表されている。

その前提として、鎌倉時代における鎌倉の都市域内部を図示したおそらく唯一の史料である「浄光明寺敷地絵図」が「発見」されたことがあげられる。二〇〇〇年にこの絵図が「発見」されると、大三輪龍彦編『浄光明寺敷地絵図の研究』（新人物往来社、二〇〇五年）が刊行され、そのなかで文献史学、美術史学、建築史学、考古学など多彩な視点から考察が加えられて、以後の研究の基礎となった。[13]

その後、絵図から鎌倉の「町屋」のあり方を論じたのが、鈴木弘太「『浄光明寺敷地絵図』からみる鎌倉の「町屋」」(『文化財学雑誌』四、二〇〇八年)である。鈴木氏は、武蔵大路周辺遺跡群(扇ガ谷二丁目二九八番イ地点)の発掘調査の成果を『浄光明寺敷地絵図』と比較し、検出された基壇状遺構を絵図に描かれた「地蔵堂道」に、その道の北側を絵図の「高坂地類」にそれぞれ比定している。

高坂とは、南北朝期にも活躍する武蔵国の武士の一族であるが、「高坂地類」に比定される地域に武家屋敷の痕跡はなく、むしろ庶民居住区の様相を呈しているという。このことから鈴木氏は、高坂氏が庶民にこの地を貸し出して管理していた状況を想定している。絵図を材料に、考古学と文献史学とを対応させるこの手法は、諸分野の協業が進んだ今でも傑出したものだといえよう。

拙稿「都市の地主」(本書第三章。初出は二〇〇九年)でも同じ絵図を扱い、絵図に土地の所有者として記された武士たちは、浄光明寺から屋地を貸し出されており、そこからさらに下層の都市民へと又貸しをして地子とよばれる借地料が発生していた可能性を指摘した。

大三輪龍哉「「浄光明寺敷地絵図」に見る屋地」(『鎌倉遺文研究』二七、二〇一一年)は、絵図を理解するのに不可欠な「年未詳崇顕(金沢貞顕)書状」(「金沢文庫古文書」『鎌倉遺文』三〇七七五号文書)

に登場する諏訪氏と大友氏の屋地を絵図中に特定し、絵図に登場する「高坂」および「高坂地類」の屋地は本来は中原親能の所有する土地であり、それが養子の摂津・大友両氏に相続されたと推定している。絵図の「若宮小路殿」を足利尊氏に比定する指摘も興味深い。なお、絵図作成の経緯については大三輪氏と拙稿ではやや見解が異なる。後考を期したい。

これらの研究によって、所有者と実際に居住している人物とが異なるという、鎌倉における重層的な土地所有が明らかとなった。これまでもその重層性は指摘されていたが、(14)その具体像が示されたことの意義は大きい。大三輪氏によって、養子が邸宅を相続するといった継承関係が明らかとなったことも非常に興味深い。

この絵図と同様の経緯で作成されたと考えられる「円覚寺境内絵図」も、都市域内を考える際に有効な史料である。

戸田さゆり「『円覚寺境内絵図』の文字記載に関する一考察」（『文化財学雑誌』六、二〇一〇年）は、絵図に記された「薩摩掃部大夫入道跡」、「奥拾貳丈」、「中殿跡」といった文字の墨や筆跡を詳しく検討し、この絵図は幕府滅亡前に描かれ、その後、少なくとも二回以上にわたって文字が書き加えられたと推定している。

これについて断定的な結論を出すのは難しいが、「浄光明寺敷地絵図」とともに「円覚寺境内絵図」なども含めた多くの史料を検討し、今後も鎌倉都市域内の居住形態を明らかにしていく必要があるだろう。

三　竪穴建物の評価

都市域と海とが接するぎりぎりの地点である鎌倉の浜地では、後述するように葬送がおこなわれていたことが明らかとなっているが、ここではまず、鎌倉の浜地に見られる竪穴建物について言及する。浜地から二の鳥居辺りまでの広い地域で、発掘調査によって竪穴建物が多く検出されている。かつては作業小屋だとか、店も含んだ常設的な建物、一般人の住む家、あるいは周囲の建物と関連した付属舎的な仮小屋などに比定されてきたが(15)、近年では、倉庫だという理解が一般的になってきている。

鈴木弘太「中世「竪穴建物」の検討」（『中世鎌倉の都市構造と竪穴建物』同成社、二〇一三年。初出は二〇〇六年）は、古代の竪穴住居との連続性を否定し、基本構造を基準に竪穴建物を四つに分類し、そのうちの第一類が鎌倉に典型的だとする。そのうえで、竪穴建物の造営は十三世紀第2四半期ごろに発生して第3～第4四半期にかかる頃に全盛期を迎え、「海浜地区」にまで展開しながら、十四世紀前半まで全盛期が続くとしている。また、竪穴建物はそれが含まれる区画の中で建て替えがおこなわれ、むしろその区画に規制されながら、一区画に一棟で新たに構築されており、建て替えに際して大きく場所を変えず、同一の地点で繰り返し構築されると推定して、これこそが中世都市における鎌倉幕府の土地規制の徴証だと主張する。

これにしたがえば、「浜地は無縁の地」、「方形竪穴それ自体が無縁性を持つ」といった従来の指摘は退けられることになるという。

鈴木弘太氏は「中世都市鎌倉における町割りと「区画」」(『鶴見考古』六、二〇〇六年)で海浜地区の町割りについても検討し、中世鎌倉の海浜地区は個人の権利が認められる屋地区画で構成され、なお曖昧な部分を残すとしても、そこは都市法の規制下にったことが示唆されるという。

かつての研究(16)では、浜の無縁性が強調され、そこに「自由」が見いだされていた。それとは対照的に、鈴木氏に代表されるような、浜地も一定の権力の管理下に置かれていると指摘する研究動向は、鎌倉研究史上に大きな意義を持つであろう。

しかし、東国の中世前期に普遍的に存在するであろう竪穴建物(17)の性格を、幕府法のみでとらえてよいのか、あるいは都市法の管理はどのレベルまで実体を伴ったものであったのか、といった問題も残る。先述したように、排水は都市において切迫した問題であったのにもかかわらず、排水のための木組み側溝が、幕府の重要施設の周辺にしか敷設されていないことをふまえると、幕府法がどのレベルまで実現していたのか、一考の余地はあるだろう。

また、浜地が中世を通じて同じ性格を持ち続けたと考える必要はあるまい。後述する葬送でも同様だが、鎌倉の浜地のなかには、都市域の変化に伴ってその性格が変化した地域もあったはずである。時間軸に沿って複数の地点における発掘調査の成果を比較していけば、都市法のもとにある管理された地域と「無縁」で「自由」な地域との二つを、整合性をもって立体的に理解できるのではないだろうか。

おそらく十三世紀中頃から十四世紀前半にかけて劇的に変化していった浜地の様子は、考古学による面的な把握で明確に区別できない部分もあって、容易に明らかにすることはできないが、浜地においては、都市法による管理と「無縁」で「自由」な場との関係が重要な論点であることは確かである。

第三節　鎌倉の葬送

一　浜の葬送

由比ガ浜南遺跡で大量の人骨が発掘されたことをきっかけとして、浜地の葬送に関する研究が次々に発表され、その実態が明らかとなってきた。

この遺跡の発掘調査を担当した齋木秀雄氏の「都市鎌倉と死のあつかい」（『中世都市鎌倉と死の世界』高志書院、二〇〇二年）では、古代から由比ガ浜は埋葬地として使われ、鎌倉時代になってもしばらくはそこが埋葬地として使われていたという。やがて街が拡大していくなかで、十三世紀後半には竪穴建物などの生活遺構が散見されるようになり、埋葬地も埋め立てられて都市化していき、鎌倉幕府の滅亡後の十四世紀第2四半期以降には再び埋葬地化して、江戸時代にも一部の人々が埋葬地として使っていたと指摘している。

この遺跡では、埋葬された人骨は少なく見積もっても三八六一体であり、このうち乱雑に投げ込まれたと考えられる集積埋葬の遺構からは、三一一四体が検出されたという。つまりこの一帯では、八割以上が乱雑に埋葬された遺体だったのである。

集積埋葬の遺構では大人一八一五体、子供一二九九体が検出され、遺体の四二％が子供だったことが分かっている。サンプルとしてとりあげた遺構で検出された大人一〇八体のうち三十七体に刀傷があり、子供七十体のうち刀傷があったのは二体のみであった。かつて由比ガ浜の墓地といえば幕府滅亡の際の戦死者を葬ったという印象が強かったが、この遺跡の埋葬墓を合戦との関わりで考えるべきではないと齋木氏は主張する。

同じ遺跡で検出された人骨のうち、単体で埋葬された人骨を対象に調査した平田和明「鎌倉出土人骨の骨病変」（『中世都市鎌倉と死の世界』高志書院、二〇〇二年）では、主要な埋葬骨は四一六体分あり、そのうち成人は二八八体（男一三一、女性一三一、性別不詳二十六）で小児は一二八体であったという。多くに病的な所見が見られたが、刀傷の存在する個体は九例であった。また、遺体から頭髪などを剝ぎ取る行為のあったことがしばしば想定されているが、そうした事例は確認できないとのことである。また病死が多く、刀傷のものは一・三％のみであったという。

このことから、少なくとも由比ガ浜南遺跡の単体で埋葬された人骨の場合は、合戦の死者を葬ったものではなく、日常的に葬られたものが中心であったと考えることができる。

平田和明・長岡朋人・星野敬吾「鎌倉市由比ヶ浜地域出土中世人骨の刀創」（『人類学雑誌』一一二―一、二〇〇四年）では、これまでに発掘調査された①静養館遺跡、[18]②由比ヶ浜南遺跡（単体埋葬墓）、③中世集団墓地遺跡、④材木座遺跡の四カ所で出土した人骨を比較検討している。その結果、刀創受傷率は①が六・六%、②が一・三%、③が一・四%といずれも低い数字となっているのに対して、④は六五・七%と高い数字となっているが、このうち斬創がしめる割合は二・七%であったという。つまり、戦闘などで切りつけられた形跡のある遺体はかなり少ないということになる。頭髪を剝いだことを示すような掻創があったのは、④が八二・三%、③は二個体だけの二五%であり、①と②にはともに全く認められなかったという。したがって剝ぎ取りの痕跡は、④において特徴的であったといえる。これらを踏まえ、遺跡間及び同一遺跡内の各墓抗間においても、人骨の埋葬形態に差異があることは明らかだと主張している。

村松彩美「中世鎌倉海浜部における墓葬と被葬者」(『文化財学雑誌』五、二〇〇九年)では、由比ガ浜南遺跡の発掘調査報告書をもとに埋葬遺構の分布図を作成し、海浜部の埋葬遺構は混在していて規則性がないと指摘したうえで、被葬者は合戦の死者というよりも、日常的に海浜部に葬られた自然死した都市民の方が多かったのではないかと推測している。

人類学の成果としては、南雅代・中村俊夫・平田和明・長岡朋人・鵜滞和宏「鎌倉由比ヶ浜埋葬人骨および獣骨の地球化学的研究」(『名古屋大学加速器質量分析計業績報告書』一八、二〇〇七年)もあげられる。(19) ここでは、①中世集団墓地遺跡と②由比ヶ浜南遺跡との二つの遺跡から出土した人骨について、放射性炭素年代測定などによってそれぞれ年代を特定している。ここでいう①中世集団墓地遺跡は、②よりもやや内陸に入った地域にあり、二〇〇〇年から〇一年にかけて調査がおこなわれた遺跡である。一方で②は現在の海岸線に近接する地域で、一九九五年から九七年にかけて発掘調査がおこなわれた遺跡である。相対的な問題ではあるが、①がやや内陸、②が沿岸部ということになる。

検討の結果、①の人骨は②に比べて約一〇〇年古いことが分かった。①は十二世紀後半から十三世紀初頭に特定できるのに対して、②はおおむね十三世紀後半に集中しているという。また、①の人骨の年代は十二世紀後半に集中しているのに対して、②の人骨は十三世紀全体にわたって比較的広い年代に分布している。つまり、①はある集中した時期に埋葬地として使われたのに対し、②は長期間にわたって埋葬地として使われ続けたことが想定されるのである。

サンプルが少ない上にさまざまな誤差も想定しなければならないが、①が②よりも相対的に一〇〇年も早く、しかも集中した時期に特定されたことは非常に興味深い。相対的に内陸から沿岸部へと墓域が拡大あるいは移動したことを想定する余地はあるかもしれない。

また、浜地における墓域と、日常生活の一部を構成するであろう竪穴建物との関係はまだ着地点を見いだせていないように思える。佐藤仁彦「中世鎌倉における遺骸の扱われ方」（『中世都市鎌倉と死の世界』高志書院、二〇〇二年）では、竪穴建物が密集していた時期（十三世紀後半〜十四世紀前半）の埋葬遺構は意外に少なく、竪穴建物群と葬送行為とが共存していたとは言い切れない状況だと指摘し、最盛期の鎌倉は、埋葬ではなく遺棄葬が中心だったのではないかと推測している。

先述した鈴木氏の竪穴建物に関する研究を参照するならば、竪穴建物は一定の区画に制限されていたことになる。しかし、埋葬墓と竪穴建物との新旧関係は必ずしも一定ではない。墓域と竪穴建物との関係は、先述した浜地の無縁性と幕府法による管理に関わる重要な問題であり、浜地の性格を考える上で、そして都市鎌倉のあり方を考える上でも、残された大きな論点であるといえよう。

また、最近では松葉崇氏「中世都市鎌倉に見る砂丘地の葬送」(『青山考古』二九、二〇一三年)が、葬送について興味深い研究を発表している。松葉氏によれば、竪穴建物遺構と浜の埋葬遺構の新旧関係はケースバイケースではあるが、埋葬遺構は、北限を東西に延びる砂丘の稜線、南限を海、東限は滑川、西限を稲瀬川に想定するなど、重要な指摘をしている。特に東限が滑川という想定は、浜地の性格を考える上で興味深い。さらなる事例の収集に期待したい。

なお、保立道久「都市の葬送と生業」(『中世都市鎌倉と死の世界』高志書院、二〇〇二年)では、禅宗や律宗は都市または都市近郊に展開しながら、寺の境内に墓地あるいは無常堂を置くことを拒まない傾向にあったため、これが都市における居住地連接型の墓地を先導したと指摘している。これにしたがえば、墓域と日常空間とが併存していることがむしろ鎌倉らしさだということになる。これまで指摘した論点とも関わる参照すべき見解であろう。

二　谷の葬送

鎌倉での葬送は海辺の地だけではない。鎌倉の谷には、「やぐら」とよばれる横穴が多く造営されており、これもまた葬送に関わるものではないかといわれている。

やや年代はさかのぼるが、現在のやぐら研究を方向付けた論稿のうち入手しやすいものとして、田代郁夫「鎌倉のやぐら」（『中世社会と墳墓』（考古学と中世史研究三）名著出版、一九九三年）があげられる。それまでの研究では、仁治二年（一二四二）に大友氏が豊後府中に墓所を営むことを禁止するという法令が画期と見なされていた。この法令が鎌倉にもすでに適用されていたため、平野部に墓所が造営されなくなり、その結果として山稜部に墓としてのやぐらが作られたと考えられていたのである。

これに対して田代氏は、出土した記年銘資料などから、やぐらの存続年代が十三世紀末から十五世紀中頃であることを指摘し、仁治年間の法令がやぐら発生の契機であることに異議を唱えた。そのうえで、当時の中国宋の文化の影響をやぐらに見いだし、石窟寺院の発想が日本にやってきて、鎌倉にやぐらの発生をもたらしたのではないかと推測したのである。[20]

一方で、松葉崇「鎌倉におけるやぐらへの葬送」（『神奈川考古』四四、二〇〇八年）では、やぐらの火葬骨・非火葬骨を検討している。その結果、やぐらは十三世紀中頃から造営が開始され、当初から火葬骨の納骨がおこなわれていたと指摘する。これにしたがえば、十三世紀中頃である仁治年間の幕府法によって平野部の墓所が禁止されたために、やぐらが登場したと考えることもできる。

また松葉氏は、蔵骨器使用の割合が減少して小型石塔類が利用されるなどの「質的転換」が十四世紀中葉におこるという田代氏の議論を踏まえ、この時期になると、やぐらの床面に火葬骨を散布するようになると推測している。非火葬骨の埋葬・埋置・散在は十五世紀以降に本格化し、以後は火葬骨よりも非火葬骨の方が多くなる様相を示しつつ、近世以降も葬送の場であり続けるという。

火葬のための荼毘址を検討したのが、野本賢二「中世都市鎌倉の「荼毘址」」(『中世都市鎌倉の実像と境界』高志書院、二〇〇四年)である。野本氏は鎌倉の二十五カ所の荼毘址を比較検討し、十三世紀後半以降に由比ガ浜でわずかに見られるようになった荼毘址は、十四世紀後半には大方を火葬墓が占めるやぐらの展開に伴って、山稜部や谷内平場に展開するようになったと指摘し、支配者層だけが火葬をおこなうようになったと推測している。

松葉崇「谷戸に展開するやぐら群」(田村晃一先生喜寿記念論文集『扶桑』二〇〇九年)では、やぐらの玄室規模を一定のやぐら群のレベルで比較検討し、同一群内では同規模の玄室が見られないことから、群内での玄室規模には何らかの基準があったと指摘した。そのうえで、そこに葬られたであろう僧侶の階梯などが、玄室規模に表現されているのではないかと推測している。

松葉崇「神奈川県に於けるやぐらの出土遺物様相」(『神奈川考古』四六、二〇一〇年)では、やぐらから出土した船載陶磁器、国産陶磁器、土器を比較検討し、やぐらにおける陶磁器利用は鎌倉に集中すると指摘したうえで、やぐらから出土する遺物は十四世紀以降に比定されるものが多いことから、この時期に多くのやぐらが造営されたと指摘している。

やぐらで使用される蔵骨器の年代は十四世紀前半のものが多く、十四世紀後半以降になると蔵骨器の使用例は減少するという。ただし、十四世紀後半に特定できる陶磁器の出土も少なくないことが指摘されている。また、かわらけをのぞくと、やぐらから出土する陶磁器は十五世紀前半までのものが多いことから、以後はやぐらが別用途にも使われ始めたのではないかと推測している。

これまでの研究で指摘されているように、十三世紀後半に蔵骨器を伴うやぐらの造営が始まっていることから、やぐらが葬送のための施設であることは明らかである。また、寺社の境内に多く見られることから、僧侶をはじめとした特定の人々の葬送施設であることも明らかであろう。やぐらの玄室規模が異なるのは僧侶の階梯を表したものであるという指摘も否定しがたい。ただし、やぐらの分布が鎌倉を中心とした地域に限られることや、出土する陶磁器の作成年代が十四世紀中葉の「質的転換」と一致しないことなど、残された課題も多い。また、葬送施設を「石窟寺院」という表現で評価することが妥当かどうかについても議論の余地は残されているであろう。

近世にまで連続して使用されるやぐらの分析は、年代の特定などが難しく、現状ではまだ資料収集の段階にあるといえる。資料の蓄積と同時に、考古学者だけでなく仏教史などの立場からの活発な発言を今後も期待したい。

浜地ややぐらに限らず、文献史学の立場から広く鎌倉の葬送について考察したのが、五味文彦「文献からみる鎌倉の死の様相」(『中世都市鎌倉と死の世界』高志書院、二〇〇二年)である。

五味氏は文献に見える墳墓を検討し、武士は鎌倉ではなく自分の所領の近くに墳墓が設けられているのに対して、武士以外の身分の人々は鎌倉で葬られた可能性が高いことを指摘した。また、墳墓や墳墓堂が設営されるのは、臨終の地・死者の縁の地・父の墓の近く・乳母の縁の地などであり、その立地は、山・山麓・寺院の境内などであったという。

このように立地が限られるのは、鎌倉中に墓所を営むことを禁止するような幕府法の影響があったのではないかと推測している。また、寺院の境内に葬られるのは、鎌倉の寺院が葬送の場を選んで建てられたという立地条件があったからだとしてる。

以上のような鎌倉における有力者の葬送を踏まえたうえで、五味氏は、瞑想の場である岩屋が転じてやぐらとなり、鎌倉時代末期以降にそこが納骨の場になったと推定している。また、鎌倉の浜は死体遺棄の場所であると同時に、浜に住む人々の墓所が設営された場所でもあったが、それぞれの場所は異なる性格をもっていたと指摘している。

五味氏の見解は、浜とやぐらにおける葬送の考古学的成果に対して、文献史学の立場から一石を投じた貴重な成果と言えよう。被葬者の問題、幕府法の影響、寺院の境内の葬送、やぐらの起源、浜のもつ場の違いなどの指摘は、考古学など他分野の現状と齟齬する部分が少なくない。いずれも議論すべき重要な論点であろう。諸学問分野を横断的に見通した視野の広い見解が待たれる。

第四節　都市の広がり

一　外部とのつながり

ここまで、都市域と葬送という鎌倉内部の研究をたどってきた。本節では、鎌倉と外部との関わりについて論じた研究に言及する。

拙稿「都市鎌倉における永福寺の歴史的性格」（本書第五章。初出は二〇一〇年）では、頼朝が平泉の堂舎をみて感動し、鎌倉に作らせた永福寺が、奥州合戦に限らず、治承・寿永の内乱全体において、敵味方なく犠牲者となった人々を供養し、そしてその魂を鎮める寺院であり、さらには、合戦の勝利を鎌倉外部に対して宣言する寺院でもあったと評価した。これによって、鎌倉外部から見れば、永福寺が鎌倉の象徴であったことにもなる。

西岡芳文「港湾都市六浦と鎌倉」（『中世都市鎌倉の実像と境界』高志書院、二〇〇四年）は、鎌倉の外港ともよばれる六浦と鎌倉との関係を検討し、十三世紀後半から見られる六浦の発展は、鎌倉の街場の発展の延長線上にあったと評価する。さらに、南北朝内乱期になって、個性的で裕福な有徳人が六浦や鎌倉を舞台に成長し、独自に発展していく様子を考察している。永井晋「中世都市鎌倉の発展」（北条氏研究会編『北条時宗の時代』八木書店、二〇〇八年）は、独自の視点で鎌倉の発展を通史的にとらえ、その中に六浦や小袋坂を位置づけている。

鎌倉周辺の地域から東アジアにまで視野を広げたのが、村井章介「東アジアにひらく鎌倉文化」（『中世都市鎌倉の実像と境界』高志書院、二〇〇四年）である。村井氏は日本に渡来してきた渡来僧と宋に渡った渡海僧の動きをたどり、山内にあった当時の禅宗寺院では、中国語と日本語が飛び交うバイリンガルな状況にあったことを指摘して、東アジアの人的なネットワークに鎌倉を位置づけている。

また、拙稿「鎌倉幕府の大将軍」（本書第六章。初出は二〇一三年）では、異国征伐に向かう大将軍は、鎌倉から出発するのが原則であり、日本列島の中で、鎌倉こそが大将軍の出発地であることを指摘した。

以上のように文献史学が人の往来を明らかにしたのに対して、考古学はモノの往来を明らかにしている。

藤澤良祐「中世都市鎌倉における古瀬戸と輸入陶磁」（『国立歴史民俗博物館研究報告』九四、二〇〇二年）では、古瀬戸とよばれる日本産の焼物が、当時の輸入陶磁器をモデルにしたコピーであったことを前提として、鎌倉で大量に出土する輸入陶磁器である青磁や白磁の椀・皿類は、当該期の古瀬戸がほとんどコピーしていないのに対して、入子・卸皿・柄付片口などの古瀬戸製品は、鎌倉で出土比率が高いにもかかわらず、輸入陶磁器にコピーのモデルとなるものが存在しないことを指摘し、古瀬戸と輸入陶磁器は補完関係にあったと主張している。

日用品には古瀬戸が用いられている一方で、高級品には輸入陶磁器が用いられていることが、いかなる意味を持つのか、さらに踏み込んだ議論を期待したくなるようなテーマである。

鈴木弘太「二つの工房で作られた「かわらけ」」（『鶴見考古』七、二〇〇八年）は、鎌倉の政所跡で出土した未使用と思われるかわらけの一括出土事例を分析している。その結果、これらはすべてろくろ成形であるが、回転糸切りと静止糸切りとの二種類に分類が可能で、小皿の場合、回転糸切りは静止糸切りにくらべて口径が小さく、器高が低いのに対して、大皿は回転糸切りの口径が大きく器高が高いと指摘している。明らかに作成者の異なる二種類のかわらけが、未使用のまま一括して出土したということは、異なる工房で製作されたかわらけが一カ所にまとめて納入されていたことを意味する。

この背景に鈴木氏は、生産者と使用者との間に「かわらけ売り」などの業者が介在していた可能性を指摘している。かわらけは生産地が特定しにくい遺物であるが、その流通の一端が明らかとなったことは高く評価されるべきであろう。

二　つながりのなかの都市鎌倉

鎌倉に多くの人や物が集まったことは疑いない。上述の研究では、有徳人や僧侶、あるいは陶磁器やかわらけなどが検討材料となっているが、鎌倉はそもそも武家政権の所在地であることを考えると、鎌倉と武士との関係もとりあげなければなるまい。

鎌倉に拠点を構える御家人を検討し、「御家人経済圏」という概念を提唱したのが、湯浅治久「「御家人経済圏」の展開と地域経済圏の成立」（『交流・物流・越境』（中世都市研究一一）新人物往来社、二〇〇五年）である。湯浅氏は、九州などの遠隔地にも所領をもちながら関東でも活躍する御家人の千葉氏を事例に、一族・庶子・吏僚・金融業者・小地頭というあらゆる階層が、列島の東西を活発に移動しながら、その経済を支えていたことを指摘している。

拙稿「都市鎌倉の東国御家人」（『北条氏権力と都市鎌倉』吉川弘文館、二〇〇六年、初出は二〇〇五年）では、御家人たちが鎌倉と本貫地や所領、あるいは京都とを往反しながらそれらを結ぶネットワークを維持しており、鎌倉はそうしたネットワークの中に強く位置づけられる都市であったことを指摘した。また、御家人は在国・在京・在鎌倉といった分業体制をとっており、鎌倉に常駐する一族は限られていたこともあわせて指摘している。拙稿「移動する武士たち」（本書第二章。初出は二〇〇八年）でも、鎌倉と京都や本貫地などの所領とを往来する武士の姿を示した。

また、拙稿「鎌倉と鎌倉幕府」（『歴史学研究』八五九、二〇〇九年）では、承久の乱と宗尊親王の下向を二つの画期として示したうえで、宗尊親王の下向以後は、将軍御所だけでなく、北条氏の邸宅や有力御家人の宿所、各寺院など、求心力をもつ複数の核が存在する都市へと鎌倉が変化していったことを指摘し、鎌倉を多核的な都市と評価した。

御家人の宿所がひとつの核となりうることを示す材料として、職能民の存在があげられる。鈴木絵美「中世都市鎌倉における職能民の活動」（『鶴見考古』六、二〇〇六年）では、職能民の活動の痕跡がみられる発掘調査地点を分布図に示し、それが鎌倉各所に散在していたことを指摘したうえで、道々の輩を私的に召し使うことを禁じる幕府法の存在が、かえって武士と職能民との間にそうした関係があったことを示し、武士がそれぞれで職能民を抱えていた可能性を指摘している。武士の屋敷ごとに職能民が抱えられていたとすれば、それは御家人の屋敷がひとつの核として求心力を持っていたことを示すことにもなろう。

さらに検討すべきは、京都や朝廷との関係である。政治史的な関係について論じた研究は枚挙に暇ないが、京都や朝廷との関わりの中で都市鎌倉を論じた研究は少ない。かつて黒田俊雄氏[21]は、中世国家を構成する職能別の権門が存立する京、鎌倉、奈良を「権門体制都市」と呼んだ。戸田芳実氏[22]は京都を「王朝都市」と評価しており、美川圭氏[23]は京都周辺の鳥羽・六波羅・法住寺殿・八条東洞院の一帯・福原などを「権門都市」と名付けている。しかし、鎌倉に対しては、一定の枠組みに沿った都市の評価は、なかなかみられない。

一方で、顕密仏教界の研究では、海老名尚氏[24]がすでに明らかにしているように、「鎌倉の寺院社会と京都の寺院社会との一体化」が確認されている。たとえば頼助という僧侶が、京都の東寺長者になったのにもかかわらず、鎌倉に滞在しているといったような例もいくつか見られる。鎌倉幕府は消極的ではあったが、僧侶たちは幕府の推挙を求めて畿内寺院から鎌倉に下向していたという。そうした僧の動向は、平雅行氏の一連の論稿[25]でも確認される。

鎌倉を「〇〇都市」と名付ければよいという問題ではないが、鎌倉は論じるまでもなく中世都市であり唯一無二の存在であるといって思考を停止してしまうのではなく、さまざまなつながりが広がっていた中世社会のなかに、いかにして鎌倉を位置づけるかを考える段階にまで来ているのではないだろうか。

おわりに

やや羅列的ではあるが、二〇〇〇年以降を中心に都市鎌倉の研究史の現状を紹介し、思いつくままに論点を示してきた。

あえて一点の要望を書き加えるとしたら、本章で紹介してきたように複数分野に通じた研究者も育ちつつあるが、やはり諸学問分野の間で横断的に引用・批判するような積極的な姿勢を求めたいところである。もちろん、まずは同じ分野内での相互批判が前提となるが、自分のことを棚に上げることが許されるならば、他分野の成果と比較するくらいの言及は必要ではないかと考える。とはいえ筆者の目も広く見渡すことができているわけではない。管見に及ばなかった論稿も少なくないであろう。大方の叱正を賜りたい。

最後に、鎌倉をめぐる研究環境について紹介してむすびとしたい。鎌倉での発掘調査の成果を整理し広く公刊することを目指して一九八〇年に設立された、任意団体である鎌倉考古学研究所は、その機関誌として『鎌倉考古』を隔月で刊行してきた。二〇〇八年に鎌倉考古学研究所は特定非営利活動法人（NPO）となり、機関誌の名称を『かまくら考古』と改めたことに伴い、これまで五十五冊刊行されている『鎌倉考古』を集成した『鎌倉考古　合冊本』を二〇一〇年に刊行している。合冊本に収められている論稿は、ホームページで確認することができる。

また、一般向けの書籍も多く刊行されている。高橋慎一朗『中世都市の力』（高志書院、二〇一〇年）、同『武士の掟』（新人物往来社、二〇一二年）は、鎌倉だけでなくひろく中世の都市に目を向けたもの。拙著『都市鎌倉の中世史』（吉川弘文館、二〇一一年）もご参照いただければ幸いである。

なお、二〇一七年には、出土遺物などを展示する、鎌倉歴史文化交流館が開館している。

注

（1）五味文彦監修『武家の古都　鎌倉の文化財』（角川学芸出版、二〇一一年）では、近年の研究をふまえながら、文化財を中心に鎌倉の魅力を紹介し、基本的な事項を整理している。

（2）松尾剛次「中世都市・鎌倉」（五味文彦編『中世を考える　都市の中世』吉川弘文館、一九九二年）。同「武士の首都『鎌倉』の成立」（石井進編『都と鄙の中世史』山川出版社、一九九二年）。同『中世都市鎌倉の風景』（吉川弘文館、一九九三年）など。

（3）高橋慎一朗『中世の都市と武士』（吉川弘文館、一九九六年）。

（4）松吉大樹「鎌倉市今小路西遺跡出土の結番交名木札について」（『都市史研究』一、二〇一四年）、同「中世都市鎌倉の宿所について」（『かまくら考古』二九、二〇一六年）では、安達氏の邸宅とおぼしき場所から出土した木札に書かれた人名によって、出土地点が安達氏の宿所であった可能性を指摘している。

（5）藤田盟児「鎌倉幕府の侍所について」（『日本建築学会大会学術講演梗概集』（東北）一九九一年）。同「鎌倉時代寝殿造住宅の中門廊の妻戸について」（『日本建築学会大会学術講演梗概集』

（関東）一九九七年）。同「鎌倉の執権邸の位置と特質について」（『日本建築学会大会学術講演梗概集』（九州）一九九八年）。同「御成からみた鎌倉武士住宅の空間構成」（『日本建築学会大会学術講演梗概集』（中国）一九九九年）。同「鎌倉武士住宅の空間構成」（『建築史の空間』中央公論美術出版、一九九九年）。同「鎌倉の執権及び連署の本邸の沿革」（『日本建築学会計画系論文集』五三三、二〇〇〇年）。同「鎌倉における赤橋邸と西殿の沿革」（『日本建築学会計画系論文集』五九四、二〇〇五年）など。なお、北条氏の邸宅の所在地については、拙稿と藤田氏との間に見解の相違が見られる。この点は後考を期したい。

（6）斉藤直子「中世前期鎌倉の海岸線と港湾機能」（村井章介・峰岸純夫編『中世東国の物流と都市』山川出版、一九九五年）。

（7）中澤克昭『中世の武力と城郭』（吉川弘文館、一九九九年）。

（8）高柳光寿『鎌倉市史』総説編（吉川弘文館、一九五九年）。

（9）大三輪龍彦「中世都市鎌倉の地割制試論」（『仏教芸術』一六四、一九八六年）、同「都市鎌倉の道と地域」（安田元久先生退任記念論集刊行委員会編『中世日本の諸相』下巻、吉川弘文館、一九八九年）。

（10）馬淵和雄「武士の都鎌倉」（網野善彦・石井進編『中世の風景を読む二　都市鎌倉と坂東の海に暮らす』新人物往来社、一九九四年）。

（11）宗臺秀明「中世都市と排水施設」（『日本考古学』三、一九九六年）。

（12）鎌倉の災害については、福島金治「災害より見た中世鎌倉の町」（『国立歴史民俗博物館研究報告』一一八、二〇〇四年）もある。

（13）大三輪龍彦「絵図が伝える浄光明寺の中世の景観」、石井進「「浄光明寺敷地絵図」に記された人物は誰か」、岩橋春樹「絵図の風景」、鈴木亘「建築的観点から考察した「絵図」」、宮田眞「阿弥陀堂平場の発掘調査」「経塚の発掘調査」、大三輪龍哉「鎌倉時代の浄光明寺」。

(14) 保立道久「町の中世的展開と支配」(高橋康夫・吉田伸之編『日本都市史入門』II、一九九〇年)。

(15) 宗臺秀明「方形竪穴建築址の理解にむけて」、齋木秀雄「板壁掘立柱建物の提唱」、汐見一夫「「方形竪穴建築址」考」(いずれも『中世都市研究』一、一九九一年所収)など参照。

(16) たとえば「中世都市論」(『網野善彦著作集』第十三巻、岩波書店、二〇〇九年。初出は一九七六年)、「都市鎌倉における「地獄」の風景」(『石井進著作集』第九巻、岩波書店、二〇〇五年。初出は一九八一年)、馬淵和雄「都市の周縁、または周縁の都市」(『青山考古』九、一九九一年)など。

(17) 飯村均「陸奥南部における中世前期の方形竪穴建物」(『中世奥羽のムラとマチ』東京大学出版会、二〇〇九年。初出は一九九四年)参照。

(18) 人類学の成果で紹介される遺跡名のなかには、鎌倉市の遺跡台帳とは異なる名称で示されたものもあるが、誤解を避けるために本章では論文のままの表記とした。特に沿岸部はひとつの遺跡名の範囲が広いために注意が必要である。

(19) 鈴木尚・渡辺仁・岩本光雄・増田昭三・稲本直樹・三上次男・林都志夫・田連義一・佐倉朔・香原志勢『鎌倉市材木座発見の中世遺跡とその人骨』(日本人類学会編、岩波書店、一九五六年)が明らかにしたように、後からその地に住み着いた人が人骨を掘り返した形跡があり、その際には掘り返した人骨のうちで頭蓋骨だけを改めて供養していたようである。これが近年の研究の前提となっていることを合わせて指摘しておく。

(20) 田代郁夫「中世石窟「やぐら」の盛期と質的転換」(『考古論叢神奈河』七、一九九八年)。

(21) 黒田俊雄「荘園制社会と仏教」(『黒田俊雄著作集』第二巻「権門体制論」法蔵館、一九九四年)。

(22) 戸田芳実「王朝都市論の問題点」(『初期中世社会史の研究』東京大学出版会、一九九一年)。

(23) 美川圭「中世成立期の京都」(『日本史研究』四七六、二〇〇二年)。
(24) 海老名尚「鎌倉の寺院社会における僧官僧位」(福田豊彦編『中世の社会と武力』吉川弘文館、一九九四年)。
(25) 平雅行「鎌倉幕府論」(『岩波講座日本通史』巻八中世二、岩波書店、一九九四年)。同「鎌倉幕府の宗教政策について」(平成六年度科研報告『日本古代の葬制と社会関係の基礎的研究』大阪大学文学部、一九九五年)。「定豪と鎌倉幕府」(大阪大学日本史研究室編『古代中世の社会と国家』清文堂出版、一九九八年)。同「将軍九条頼経時代の鎌倉の山門僧」(薗田香融編『日本仏教の史的展開』塙書房、一九九九年)。同「鎌倉山門派の成立と展開」(『大阪大学大学院文学研究科紀要』四〇、二〇〇〇年)。同「鎌倉における顕密仏教の展開」(伊藤唯真編『日本仏教の形成と展開』法蔵館、二〇〇二年)。同「鎌倉幕府と延暦寺」(中尾堯編『中世の寺院体制と社会』吉川弘文館、二〇〇二年)など。

第一章　成立期鎌倉のかたち
――鎌倉の道・館・寺――

はじめに

本章では、成立期の鎌倉の様子を明らかにした上で、中世都市のかたちを示すことを目指す。これは、本書の序章で河野氏の指摘した、今後の研究課題のうちのひとつである「都市の広さ」につながある検討である。しかし、成立期に当たる十二世紀末の鎌倉に関する史料は少ない。ごくわずかに『吾妻鏡』の記載が見られる程度である。考古資料は多少確認されるものの、総合的に鎌倉を評価するほど収集することは難しい。

当該期の鎌倉に関する研究には、野口実「頼朝以前の鎌倉」(1)、馬淵和雄「武士の都鎌倉」(2)、山村亜希「東国の中世都市の形成過程」(3)などがある。以下での三氏の見解はすべてこの論文による。これらの研究では、平泉が繁栄していた十二世紀における鎌倉について、次のような見解を示している。

野口氏は、「これだけの寺社があり、二本の幹線道路が通過し、そのうえ東国武士の棟梁の居所であった鎌倉に都市性を認めない理由はない。地形的にみても、鎌倉は都市たるべきところであった。」として、当該期鎌倉に都市性を積極的に見いだしている。

馬淵氏も、「平安時代末期の鎌倉には二十近い数の寺社が存在することになる」ことを指摘した上で、野口論文を引用し、「その通りであろう」と評価する。

一方で山村氏は、源頼朝が入る前の鎌倉の様相を歴史地理学的に明らかにして「実際には二本の東西軸を中心とした分散的な集落景観はある程度形成されていた」と想定した。野口・馬淵両氏が鎌倉を都市だと認めているのに対して、山村氏は「集落」という言葉を用いており、やや表現は異なるが、いずれも頼朝以前の鎌倉は寒村ではないという評価を下していると判断できよう。

三者の前提にあるのは、『吾妻鏡』治承四年（一一八〇）十二月十二日条である。


所素辺鄙、而海人野叟之外、卜居之類少レ之、正当二于此時一間、閭巷直レ路、村里授レ号、加之家屋並レ甍、門扉輾レ軒云々

この記事には、源頼朝が邸宅を構えた頃の鎌倉は「辺鄙」な所で、「海人野叟」などの他は住む者が少なかったが、頼朝の入郭をきっかけに鎌倉の整備がすすんだことが記されている。かつ

てはこの記事の内容がそのまま額面通りに解釈され、頼朝がこなければ鎌倉は片田舎の寂れた場所であったと評価されることもあった。

しかし野口・馬淵・山村三氏は、この記事が頼朝の鎌倉入りの意義を強調するために以前の鎌倉をことさらに低く評価した表現だと指摘したのである。この指摘は、従来の鎌倉のイメージを覆す画期的なものであった。しかし、成立期の鎌倉が都市としてどのようなかたちであったのか、あるいは鎌倉に限らず当該期の都市はどのようなかたちをしていたのか、いまだ明らかではない。そこで本章では、わずかな史料をもとに成立期の鎌倉の様相を推定することで、当該期の都市のかたちをさぐることを目指したい。その際に検討の軸とするのは、鎌倉の道・館・寺という三要素である。

道がなければ人が集まることもないし、住み着くこともない。外部との往来がない地域に都市のようなものは成立しえない。したがって、内と外とをつなぐ道の存在は、都市成立の重要な要素ということになろう。道ができると、その道沿いに人が定住することが想定される。定住は人々の生活基盤がそこに置かれることを示す。

定住をもっとも簡潔に表してくれる指標は住居である。一時的なものではなく、ある程度の恒久的な住居があれば、その存在は定住という状態を示していると判断できる。ある程度の住居を確認できれば、都市の要素がひとつ成立したと言えることになろう。住居ができてそこに定住するようになれば信仰生活も始まり、信仰のための持仏堂や寺社が造営される。中世の都市に信仰

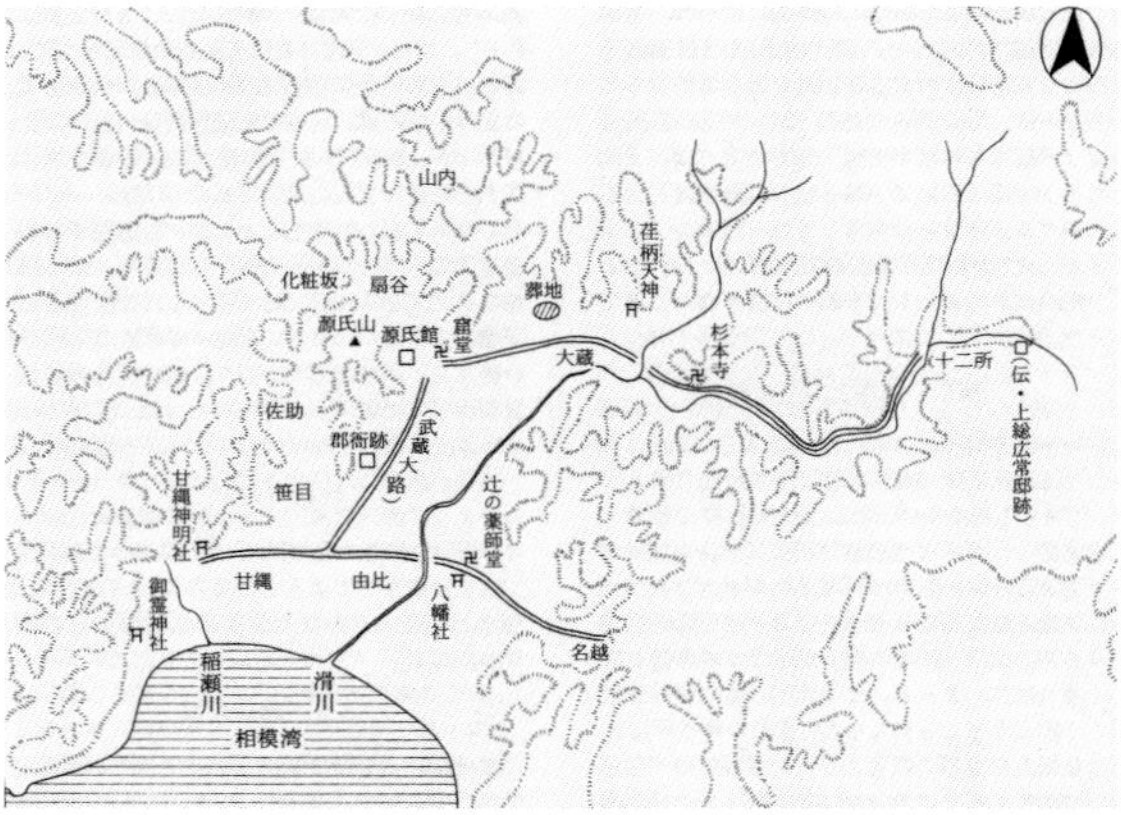

図1　平安末期の鎌倉概念図（野口論文より）

空間は不可欠である。

以上のような、道・館・寺の三要素に注目することで、都市鎌倉の成立期におけるかたちを明らかにするのが本章の目的である。

第一節　鎌倉の道と館

一　鎌倉の道の可能性

野口氏は鎌倉に図1のような東西に走る二本の道を想定している。北側の道は、源義朝の館から東へと延びて、鎌倉の北側の山際を六浦まで続くものである。もうひとつは、海側を甘縄神明社辺りから名越方面へと抜ける道である。この二つの道をむすぶ南北道として、武蔵大路（現在の今小路）を想定している。この野口説をさらに展開した馬淵氏は、図2のように、野口氏の示した二つの東西道のほかに三本の南北道路を想定する。三本の南北道のうち、西側と中央の道は現在の今小路および小町大路とほぼ重なる。一番東側の南北道は、杉本から名越へと抜ける道である。一方で山村氏は、野口・馬淵両氏と同

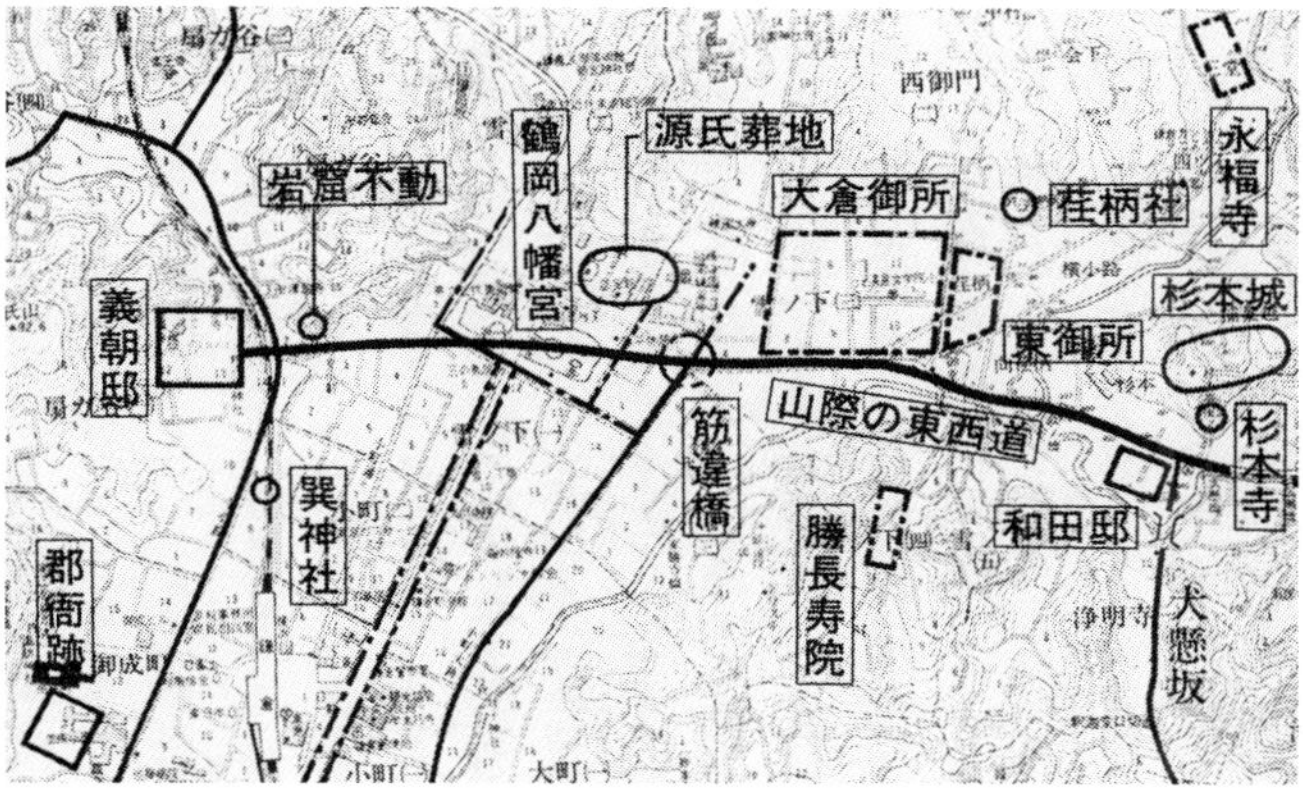

図2　平安時代末期(——)〜鎌倉時代初期(—-—)の鎌倉(馬淵論文より)

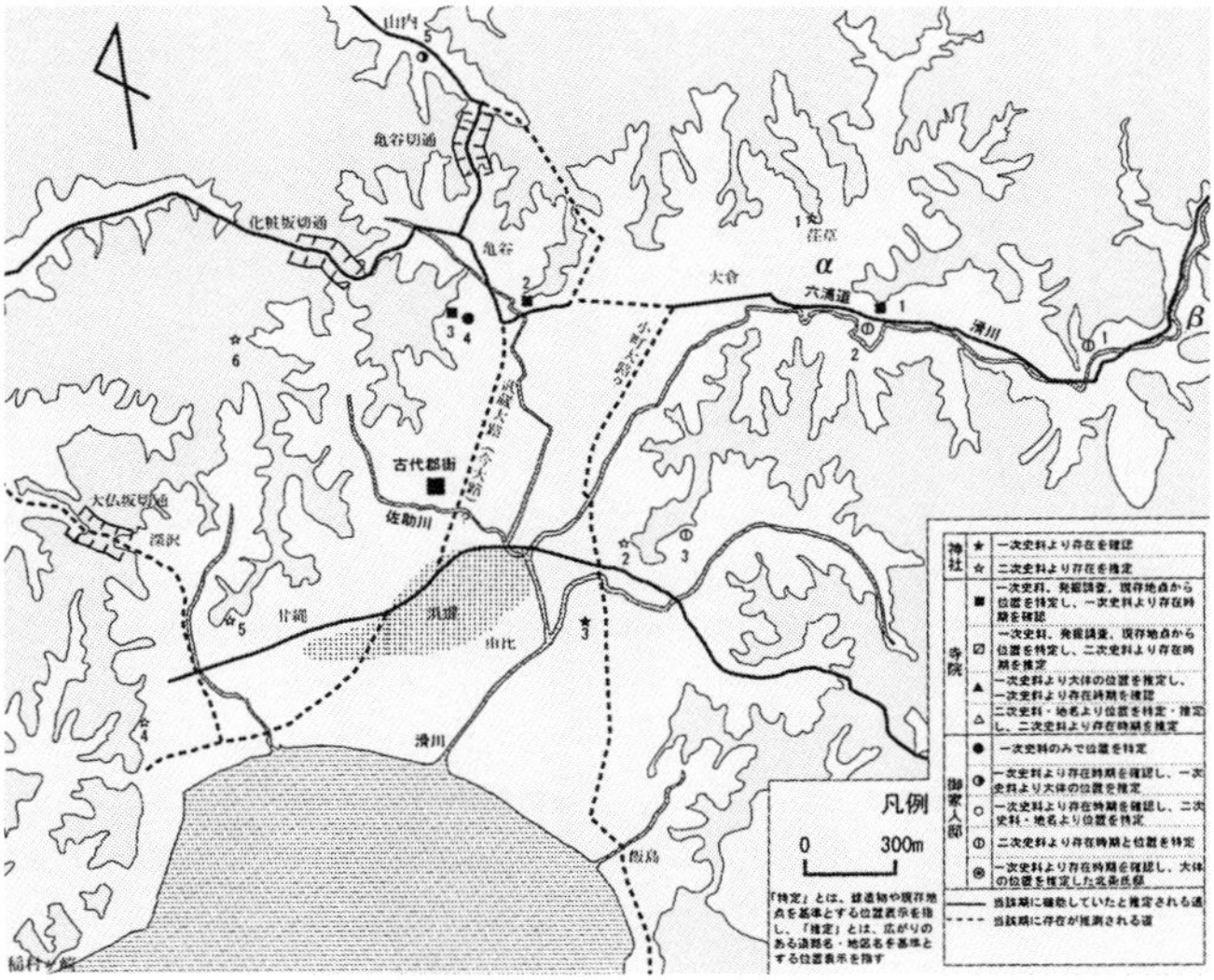

図3　寺社･御家人邸･幕府諸施設の分布　第Ⅰ期(山村論文より)
α:二階堂向荏柄遺跡　β:十二所鑪ヶ谷遺跡

様に東西に走る二つの道の存在を認めつつ、図3のように、これらの二つの道を結ぶ南北の道は二本だと想定している。現在の今小路と小町大路と重なるルートがそれである。

以上のようなこれまでの研究を踏まえると、少なくとも海側と山際にあった二つの東西道はいずれの説でも認められているようである。この二つの道をむすぶ南北道は、野口説が一本、馬淵氏が三本、山村氏が二本をそれぞれ想定している。それでは、東西道もふくめたこれらの道は本当に成立期の鎌倉に存在したのであろうか。

道の発掘調査は難しく、開発が進んでいる現在の鎌倉で中世の道のルートを掘り出すことは困難である。考古学に力点を置く馬淵氏の説も、実際に検出された道の遺構を根拠としたものではない。したがって、どの道が頼朝入部前後にあったのか、あるいはなかったのかを明らかにするのは容易ではない。そこで、道沿いに建てられた館などの居住空間の存在を確認しつつ、改めて道のあった可能性を検討することにしたい。論理的な順序でいえば、実際には道ができてから館などの居住空間が作られる。しかし、ここでは逆に、居住空間の存在から道の存在を想定することを試みたい。

二　二つの東西道

まずは、これまでの研究で一致して存在が肯定されている、山側と海側の東西道について検討する。山際の東西道は、『吾妻鏡』などでは六浦道とよばれている。そのルートは、源義朝の館跡に建てられた寿福寺前から東へとのび、六浦までつづいている。源義朝は、天養元年（一一四四）に義朝が相模国大庭御厨に乱入した際に「鎌倉之楯」を伝得したという(4)。その源義朝の館跡に建てられたのが現在の寿福寺である。(5)源頼朝が鎌倉に入ったとき、頼朝の父である義朝の館を起点とした道がすでに通っていたと考えても問題あるまい。鎌倉と六浦の関係を考察した石井進氏も、三浦一族の名字などを根拠に六浦道が古代から続く交通路であったことを指摘している。(6)これらをふまえれば、現在の六浦道が頼朝以前から存在していたと考えても大過ないだろう。

山際の東西道である六浦道はその存在が確認できたが、海側の東西道はどうだろうか。由比ガ浜には、康平六年（一〇六三）に源頼義が石清水八幡社から勧請したと伝えられる社があった。頼朝が鎌倉に入ると、現在の鶴岡八幡宮の地にこの社を移す。(7)つまり、頼朝以前には八幡社が由比ガ浜にあったのである。由比の若宮とよばれるこの社を創建したからには、そこに至る道もあったのであろう。きちんと整備された道であったかはともかく、参詣できない場所に八幡社を造営するはずはあるまい。

また、頼朝に遅れて鎌倉にやってきた北条政子は、鎌倉入りに際して稲瀬河辺りで日次を調整している。(8)図1にあるように稲瀬河は甘縄神明社の西を流れる川である。この川の西が鎌倉の外と意識されていたことから、政子がここにとどまったのであろう。ここから鎌倉に入ることを考えると、やはり海側の東西道はすでに存在していた可能性は高い。

三　東西道をつなぐ南北道

以上のように、山側と海際の東西道はその存在を肯定する材料がそろった。それでは、この二つの道をむすぶ南北道はどうだろうか。

一番西の南北道は、これまでの研究でも想定線が現在の今小路と一致している。先述のように源義朝の館はこの今小路と六浦道の交差点にあったから、今小路も義朝の時期から存在していたと考えて問題ないだろう。また、周知のように今小路の西側には、古代の鎌倉郡衙のあったことが明らかとなっている。(9) 天平五年（七三三）の銘をもつ木簡が出土していることなどから、八世紀にはすでに建物があったと考えられる。郡衙があったのだから、その前面には道もあったのであろう。したがって現在の今小路は、古代以来の道であった可能性が高い。そのルートは、海際の東西道まで続いていたと考えられる。

今小路西遺跡の郡衙の遺構は十世紀末には廃絶する。次に確認できるのは十三世紀の武家屋敷の遺構である。十二世紀頃にここに住居があったかどうかは分からない。十世紀までは郡衙があり、十三世紀には武家屋敷が建てられるような土地であることをふまえると、鎌倉の中でも居住に向いた一等地である可能性が高い。そこを発掘しても十二世紀の遺構が検出されないことの意味は、成立期の鎌倉にとって大きい。頼朝が入った頃の鎌倉には、一等地にでさえそれほど多くの建物が建っていなかったとも考えられるのである。ただし、現在の今小路と重なるルートの道があったことは確実であろう。

次に、二つ目の南北道として小町大路に注目したい。この道は、馬淵氏と山村氏が存在を想定している道である。

『吾妻鏡』における小町大路の初出は建久二年（一一九一）三月四日の記事である。この時に鎌倉は大火に見舞われて、鶴岡の供僧宿坊をはじめ広範囲が灰燼に帰した。しかし、ここに登場する小町大路が、後の小町大路と同じルートを指しているのかは即断できない。この道沿いには北条義時の小町亭などが建てられたが、頼朝以前にまでさかのぼるような住居は文献史料上は見あたらない。小町や大町といった地名からは町屋の存在が想起されるが、成立期の鎌倉にはじめから町屋があったとは考えにくい。しかしながら、小町大路は、海まで続いていたと考えるのが妥当であろう。[10]

最後に、馬淵氏のみが想定している、杉本から名越へと抜ける南北道を検討してみたい。この道は犬懸坂とよばれている。残念ながら確実な文献史料からこの道の存在を断定することはできない。[11]しかし、実はこの道は小町大路よりも存在の可能性は高いと考える。

鎌倉に邸宅を構えた北条時政は名越に住んだ。[12]犬懸坂がなかったとすると、将軍のいた大倉の御所から名越はかなり遠い。頼朝と関係の深い時政がわざわざ御所から遠く離れた名越に住むとは考えにくい。ある程度アクセスの良い場所でなければ、頼朝の義父である時政が邸宅を構える理由はないであろう。名越には、浜御所とよばれる将軍の別荘のような建物もあり、将軍はしばしばここに出入りしているから、[13]大倉にある御所と浜御所を結ぶ道もあったはずである。北条時政が住み、浜御所も置かれた名越という地域と、将軍御所のある大倉とは、道で結ばれていたと考えるべきであろう。頼朝が大倉に御所を構えた際に北条時政が名越に住み始めるのだから、当初から大倉と名越とを結ぶ道が確保されていたと判断するのが妥当ではないだろうか。もちろん、そのルートは犬懸坂だけではない。したがって犬懸坂そのものが頼朝以前からあったとは断定できない。しかし、大倉と名越とをむすぶ道は、頼朝の鎌倉入り前から存在していたと考えるべきであろう。

以上のように、頼朝が入った頃に鎌倉には、山際と海側の東西道と、現在の今小路・小町大路・犬懸坂周辺の南北道とがあったことが想定される。これらの道は住居などから逆算してその存在を推定したものである。ここから浮かび上がるのは、当然ながら道沿いに住居が建つ状況である。当該期の鎌倉は、道沿いに住居が散在する程度であったと考えられる。このような状況を、次は寺社の存在から確認してみたい。

第二節　鎌倉の寺社

一　頼朝以前の寺社

野口氏はいくつかの寺社の名前を挙げた上で、かなりの数の寺社が十二世紀半ばまでには存在したことを指摘している。馬淵氏も平安末期の鎌倉には二十近い寺社が存在していたとする。これらの寺社は確かに頼朝以前の伝承を持つところが多い。しかし寺社の伝承は必ずしも全面的に信用できるものではない。創建の段階で過去にさかのぼった縁起をまとめることもある。そこで本章では、これまでの研究で名前の挙がっている寺社の創建時期を改めて検討することにしたい。海側を西からみていくと、御霊神社がある。御霊神社は『吾妻鏡』では文治元年（一一八五）八月廿七日条が初出である。頼朝の鎌倉入りが治承四年（一一八〇）のことだから、記録に見え始めるのがやや遅い感もあるが、鎌倉景政をまつるという神社の性格を考慮すると、頼朝以前から存在していたと考えるべきであろう。[14]

御霊神社の東には甘縄神明社がある。縁起では創建を和銅三年（七一〇）とする。[15]『吾妻鏡』の初出は文治二年（一一八六）正月二日条である。御霊神社の初出も文治年間であることをふまえると、甘縄神明社も頼朝以前の創建だと推定することは可能であろう。ここからさらに東に進むと、先述の由比の若宮がある。ここは康平六年（一〇六三）に源頼義が勧請したと伝えられているから、頼朝以前の創建は確実であろう。

目を北に移して山際を西側から寺社を確認していくと、現在の寿福寺にあたる亀谷堂がある。頼朝が鎌倉に入った時にはすでに源義朝を祀る堂舎が亀谷にあったから、[16]頼朝以前からの存在は確実であろう。亀谷堂の東には窟堂がある。頼朝以前からの存在が想定されている窟堂は、[17]『吾妻鏡』文治四年（一一八八）正月一日条に初めて登場する。これまでの寺社同様、文治年間に史料上にみられるのなら、頼朝以前の存在を否定することはできまい。

窟堂から鶴岡の南を通ってさらに東に目を向けると、荏柄天神社がある。社伝では長治元年（一一〇四）の創建と伝える。[18]『吾妻鏡』には建仁二年（一二〇二）九月十一日条に初めて登場する。

頼朝の鎌倉入りが治承四年（一一八〇）で頼朝の死去は正治元年（一一九九）。頼朝の生きた時代に、荏柄天神社が『吾妻鏡』に二十年以上も登場しないのにはやや疑問が残る。頼朝の住んだ大倉御所に隣接するこの社が記録に登場しないのは、頼朝以前に荏柄天神社が整備されていなかった可能性を想起させる。荏柄天神社の東には現在の杉本寺の前身である大蔵観音堂があった。伝承では行基によって天平六年（七三六）に開かれたという。(19)『吾妻鏡』では文治五年（一一八九）十一月二十三日条が初出であり、この時に「大蔵観音堂回禄」とあって焼失していることから、この火事以前の創建は確実であろう。頼朝以前からあった可能性は非常に高い。

これらの寺社の他に馬淵氏は、八雲神社と佐助（介）稲荷も頼朝以前の創建ではないかと指摘している。

馬淵氏の指摘する八雲神社は、現在の大町四ツ角《よつかど》近くにある。社伝では永保年中（一〇八一～一〇八四）に新羅三郎義光が勧請したという。(20)馬淵氏はこの神社が鎌倉の境界であったとする。しかしこの神社は『吾妻鏡』には一度も登場しない。この一帯が境界であったという指摘までは簡単には否定できないが、八雲神社そのものの存在はやはり強く肯定することはできない。『吾妻鏡』に登場しない八雲神社は、少なくとも頼朝以前の創建であると主張することは避けるべきではないだろうか。

佐助（介）稲荷は現在の鎌倉市佐助にある神社である。社伝では頼朝以前の創建と伝える。(21)しかし、この佐助稲荷は『吾妻鏡』に登場しない。佐助（介）という地名も『吾妻鏡』では寛元四年（一二四六）六月廿七日条まで見えない。したがって、佐助（介）稲荷も頼朝以前までその創建をさかのぼらせることには慎重になるべきであろう。

以上のように、頼朝以前からの存在の可能性が認められる寺社は、御霊神社・甘縄神明社・由比の若宮・亀谷堂（後の寿福寺）・窟堂・大蔵観音堂（後の杉本寺）などであった。荏柄天神社・八雲神社・佐助稲荷などは、頼朝以前の創建と積極的に肯定するのは難しい。

二　寺社と中世都市

上記の寺社のうち、亀谷堂・窟堂・大蔵観音堂はいずれも「堂」であり「寺」ではない。亀谷堂と大蔵観音堂がのちにそれぞれ寿福寺と杉本寺となるように、「堂」は「寺」よりも小規模なものを示す用語だと考えられる。したがって、これらの寺社がすべて頼朝以前からあったとしても、規模はいずれも小さかった可能性が高いのである。

規模が小さいうえに、その数も多いとは言いがたい。これらの寺社すべてが頼朝以前から存在していたとしても、その数は合計で九である。これまでの研究で最大の寺社数を示しているのは、馬淵氏の「二十近い寺社」という表現である。これが野口氏のいうように「かなりの数」なのかどうかが、成立期の鎌倉を考える分岐点となろう。そこで、参考までに現在の鎌倉における寺社の数を確認してみる。

現在の鎌倉の寺社数の目安として、一九五九年に編纂された『鎌倉市史』社寺編が掲載する寺社を数えると、その数は一二五となる。現在の鎌倉にもおよそ一二五の寺社が存在すると考えていいだろう。『鎌倉廃寺事典』[22]には、現在は荒廃したかあるいは所在不明の寺社が載せられている。これらは三九四を数える。最盛期の鎌倉には、現存する寺社およそ一二五のほかに、現在では確認できない三九四の寺社もあったことになる。合計は五一九。近世の鎌倉にも、少なくとも一二五、最大で五一九の寺社が実在したと想定できる。

それでは、近世の鎌倉を「都市」と呼ぶことはできるのだろうか。近世の絵図類では、若宮大路の周辺が耕作地として描かれている。管理する者がなく荒廃する寺社があったことも『鎌倉廃寺事典』に記されている。こうした実情をふまえると、近世の鎌倉を「都市」と呼ぶのは躊躇せざるを得ない。

近世の鎌倉が「都市」でなかったとするならば、寺社の数を「都市」の指標とはできないことになる。寺社が多いことを「都市」かどうかの指標としてしまうと、鎌倉時代前半の鎌倉よりも寺社が多く確認される近世の鎌倉の方が、「都市」だということになってしまうのである。これにはしたがうことはできない。寺社の存在が都市の存在を規定すると判断するには慎重さが求められるであろう。

三　鎌倉のかたち

ここであらためて、古代から頼朝入部までにおける鎌倉のかたちを確認していきたい。

古代の鎌倉には、郡衙が置かれて周辺地域の中でも重要な位置を占めていた。この時には、郡衙とその周囲くらいしか開発はされていなかったと考えられる。その郡衙も十一世紀には廃絶する。そして遅くとも十二世紀前半には、これまで見てきたような、二本の東西道と二〜三の南北道が登場したと推定できる。古代には郡衙とその周辺だけの開発だったのに対して、この頃にはこれらの道に沿った居住地の開発もおこなわれるようになった。六浦道と現在の今小路との交差点である場所に源氏の館が建てられたのも、道のもつ重要性が意識されていたからであろう。

道ができて館ができると、次第に寺が建つようになる。源氏の館の近くにある窟堂や、同じ六浦道沿いの大倉観音堂などがそれである。この段階では「寺」ではなく「堂」であり、大規模な堂舎であったとは考えにくい。おそらくこのような状況の鎌倉に頼朝はやってきたのであろう。すなわち、二本の東西道と二〜三本の南北道があり、道沿いに源氏の館といくつかの小規模な堂が建つという状況である。

鎌倉のできかたを改めてたどると、道が通ることによって館が建てられ、後に寺に発展するような堂が創建されるという順序となる。こうしてできあがった都市は、ある特定の領域に閉じこめられるものではなく、道沿いに館や寺が点々と営まれるような散在的なかたちをしていたと想定できる。

鎌倉で明確に領域が意識されるのは、元仁元年（一二二四）におこなわれた四角四境祭(23)が最初である。四角四境祭とは、領域の四隅と四つの境界地域でその内部を清めるためにおこなわれる祭祀である。これが京都から鎌倉に導入された元仁元年（一二二四）が、鎌倉の領域の誕生を示していると言えよう。

先述したように、北条政子は稲瀬川の手前で鎌倉入りの日程調整をしているから、稲瀬側の外側は鎌倉ではないという意識はあったかもしれない。また、源義経が兄の頼朝に鎌倉入りを拒絶された際、義経は腰越にとどめられたので[24]、少なくとも腰越は鎌倉の外側だと意識されていたと考えることもできる。確かに、ある程度の境界概念は頼朝の鎌倉入りからすでに芽生えていたのかもしれない。

しかし、これらは鎌倉の南西の地域に境界があることを示しているに過ぎない。したがって、境界という意識はあっても、鎌倉という地域全体を包み込むような領域があったとまではいえないのではないだろうか。政子や義経が意識したのは境界でしかない。ひとつの境界の存在は、必ずしも大きな領域の存在を意味しないであろう。したがって、この時期の鎌倉を仮に中世成立期の都市とよぶならば、一部に境界はあるものの、明確な領域をもたず、幹線道路沿いに館や堂（後の寺）が点在するような地域であると評価することができるのである。

おわりに

ここまで頼朝の住み始めた頃の鎌倉を整理してきた。成立期の鎌倉にはそれほど多くの建物や大規模な寺社はなく、基本的には道に沿った館と寺の前身となる堂が建つ程度の景観であった。それを、都市というかは意見の分かれるところであろう。仮にこれを中世都市の成立段階ととらえると、成立期の中世都市は、明確な領域を持たず、道・館・寺を構成要素として、幹線道路沿いに館や寺が営まれた地域であったと結論づけることができる。

また、鎌倉に先行して営まれた都市である平泉も、明確な領域を持たず、道・館・寺を構成要素として、幹線道路沿いに館や寺が営まれた地域であった(25)。

平泉には「寺」よりも小規模だと考えられる「堂」や「院」といった寺院が多いのも、鎌倉に共通する現象である。これまでの研究では、平泉から鎌倉へという傾向が強く、二つの中世都市に共通する要素を抽出する作業はあまりおこなわれてこなかった。模倣や導入とは異なる視点から両者の比較をおこなうことで、当該期の中世都市のより普遍的なかたちが見えてくるのではないかと考える。

注

（1）野口実「頼朝以前の鎌倉」（『古代文化』四五―九、一九九三年）。

（2）馬淵和雄「武士の都　鎌倉」（網野善彦・石井進編『中世の風景を読む』新人物往来社、一九九四年）。

（3）山村亜希「東国の中世都市の形成過程」（『中世都市の空間構造』吉川弘文館、二〇〇九年。

初出は一九九七年)。

(4) 天養二年(一一四五)二月三日官宣旨案(「大庭御厨古文書」『平安遺文』二五四四)。

(5) 『吾妻鏡』治承四年(一一八〇)十月七日条。

(6) 石井進「中世六浦の歴史」(『石井進著作集』第九巻、岩波書店、二〇〇五年。初出は一九八六年)。

(7) 『吾妻鏡』治承四年(一一八〇)十月十二日条。

(8) 『吾妻鏡』治承四年(一一八〇)十月十一日条。

(9) 今小路西遺跡の報告書は入手困難なため、本章では発掘調査に参加した河野眞知郎氏の著書である『中世都市鎌倉』(講談社、一九九五年)や、鎌倉考古学研究所編『中世都市鎌倉を掘る』(日本エディタースクール出版部、一九九四年)などを参照した。

(10) 北条氏の邸宅の位置については、拙稿「都市鎌倉における北条氏の邸宅と寺院」(『北条氏権力と都市鎌倉』吉川弘文館、二〇〇六年。初出は一九九七年)を参照。

(11) 物語文学で鎌倉時代後半以降に成立したと考えられる『源平盛衰記』「小坪坂合戦事」には犬懸坂が登場する。

(12) 『吾妻鏡』建仁三年(一二〇三)十月八日条。

(13) 『吾妻鏡』建久三年(一一九二)七月十八日条など。

(14) 『鎌倉市史』社寺編(吉川弘文館、一九五九年)「御霊神社」の項。以下では同書を『鎌倉市史』社寺編と略記する。

(15) 『鎌倉市史』社寺編「甘縄神明神社」の項。

(16) 『吾妻鏡』治承四年(一一八〇)十月七日条。

(17) 貫達人・川副武胤編『鎌倉廃寺事典』(有隣堂、一九八〇年)「窟堂」の項。

(18) 『鎌倉市史』社寺編「荏柄神社」の項。

(19)『鎌倉市史』社寺編「杉本寺」の項。
(20)『鎌倉市史』社寺編「八雲神社」の項。
(21)『鎌倉市史』社寺編「佐助稲荷神社」の項。
(22) 前掲注(18)貫・川副編書。
(23)『吾妻鏡』元仁元年(一二二四)十二月廿六日条。
(24)『吾妻鏡』文治元年(一一八五)五月廿四日条。
(25) 八重樫忠郎「平泉という領域」(『都市のかたち』山川出版社、二〇一一年)でも、「平泉の発展形態が、すべて道を基準としたものであった」と唱え、放射状に延びる道に沿って遺構が広がることを指摘している。

第二章　移動する武士たち

――田舎・京都・鎌倉――

はじめに

近年の中世史研究が「混迷」している中で、基本となる歴史概念の再検討が進んでいると指摘したのは、二〇〇七年に刊行された『史学雑誌』一一六編五号「二〇〇六年の歴史学会――回顧と展望――」の中世分を執筆した勝山清次氏である。(1) 勝山氏はその再検討の例のひとつとして、『歴史評論』で組まれた特集「中世在地領主論の現在」(2)をあげ、「近年の荘園制論や地域社会論の成果をふまえながら、在地領主論の新たな視座を提示することが試みられている」と評価している。

この『歴史評論』の特集の冒頭を飾った文章(3)では、研究史の成果を踏まえた上で、中世前期在地領主のイメージを「都鄙間ネットワークに立脚して所領を支配し、地域住人に影響力を行使する在地領主の姿」ととらえている。そして、「在地領主制の運動法則から中世全般を見通すのではなく、中世成立期・鎌倉期・南北朝期・室町期・戦国期それぞれの時期における在地領主の具体的存在形態や、国家あるいは地域社会との関係における在地領主の役割を見定め」「それぞれの時期の在地領主像の積み重ねによって中世全体を通した在地領主のイメージを再構築する方法」をとると明言し、在地領主の実態に迫る論稿がこの特集を形成している。(4)

筆者は前稿「都市鎌倉の東国御家人」（『北条氏権力と都市鎌倉』吉川弘文館、二〇〇六年。初出は二〇〇五年。以下で前稿と記した場合はこの論稿を示す）で、上記のような問題関心とは異なり、都市鎌倉における御家人の実態を考察することによって鎌倉の都市としての意味や御家人にとっての鎌倉の位置づけを検討したことがある。御家人とは鎌倉幕府によって家人化された在地領主を指す言葉であることから、幸いにも前稿は上述の「中世在地領主研究の成果と課題」(5)という文章の中で引用の栄誉に浴し、気がつけば在地領主研究に足を踏み入れていることになっていた。

そこで本章では、「混迷」が続く中世史研究の中で歴史概念の再検討の筆頭にあげられる在地領主研究との関連を意識しながらも、鎌倉という都市に限らない東国武士たちの実態を探ることを目的とする。

その際に重視したいのは、武士が移動する存在だという野口実氏の指摘(6)である。武士が各地の拠点を結ぶネットワークを持ち、各拠点を行き来する実態については、御家人千葉氏を素材にした野口実氏、湯浅治久氏、井上聡氏らの研究(7)があり、二階堂氏を扱った柳原敏昭氏の研究(8)もある。

また近年では、山本隆志氏が関東武士である宇都宮氏の在京活動の実態に迫っている。(9)

本章では第一節で、鎌倉で起きたある「珍事」をとりあげ、第二節では「謀書」をめぐる一族内の相論を素材にし、第三節ではある留守所下文に注目して、そうした移動する武士たちの実態をより明らかにすることで、在地領主のネットワークの存在を傍証する材料を提示することを目指したい。このことは、序章で採りあげた、河野氏が指摘した検討すべき課題の三番目にあたる、鎌倉における「武士の集住」と関わる重要な論点である

第一節　娘を愛してしまった父親の話

鎌倉時代も中頃の建長二年（一二五〇）六月廿四日、鎌倉の佐介（現在の鎌倉市佐助）での騒ぎを聞きつけて野次馬が集まってきた。その騒動の顚末を、鎌倉幕府が作成した歴史書と言われる『吾妻鏡』は次のように記している。

【史料一】(10)

廿四日戊午、今日居二住佐介一之者、俄企二自害一、聞者競集、囲二繞此家一、観二其死骸一、有二此人之聟一、日来令二同宅一処、其聟白地下二向田舎一訖、窺二其隙一有下通二艶言於息女一事上、息女殊周章、敢不レ能二許容一、而令レ投レ櫛之時取者、骨肉皆変二他人一之由称レ之、彼父潜到二于

女子居所、自二屏風之上一投二入櫛一、息女不レ慮而取レ之、仍父已准二他人一欲レ遂レ志、于レ時不レ図而聟自二田舎一帰着、入二来其砌一之間、忽以不レ堪レ慙、及二自害一云々、聟仰天、非歎之余、即離二別妻女一、依レ不レ随二彼命一、此珍事出来、不孝之所レ致也、不レ能レ施二芳契一之由云々、剰其身遂二出家一修行、訪二舅夢後一云々

騒ぎの内実は以下の通りだった。佐介に住む人物が自害をしたというので人々が集まって来たところ、その死骸の傍らに自害した人物の聟《むこ》が立っていた。最近、聟の夫婦と舅《しゅうと》は同居していたのだが、その聟が一時的に「田舎」に帰るというので、その隙をうかがって、舅が聟の妻、つまり自分の娘に言い寄っていた。当然娘は、困惑しながらもこれを拒否していた。しかし父親は、投げた櫛を受け取った時には、例え肉親であっても他人も同然となるのだと言って、娘の居所に忍び込み、屏風の上から櫛を投げたところ、娘は思わずそれを拾い上げてしまった。それを見た父親は、もはや親子の関係ではないと解釈し、思いを遂げようとしたところ、偶然にも聟が「田舎」から鎌倉の佐介に帰ってきてその場面に遭遇してしまう。父親は自責の念に堪えきれずに自害してしまった。聟は驚き、悲しみのあまり妻と離縁して出家を遂げて舅の菩提をとむらったということである。

ここで登場する聟、父親、娘の具体的な人名が明らかではないのでこの騒動の背景を探ることはできないが、彼らはおそらく武士の階層に属する人々であろう。父親が娘に恋愛感情を持って

しまうという、『吾妻鏡』の後半にしては珍しく人間くさいエピソードや、投げた櫛を受け取ると肉親の縁が切れて他人も同然となるという社会史的に興味深い記述も目を引くが、ここで注目したいのは、この家族の婚姻や居住の形態である。父親は娘に聟を迎えており、父親と娘夫婦は鎌倉で同居していたというから、妻方居住の聟取婚ということになる。

鎌倉期の在地領主層における聟を検討した高橋秀樹氏[11]は、舅と聟との関係についていくつかの興味深い指摘をしている。そのうち本章に関わる指摘を示すと、①聟取婚は夫方居住婚が一般的であり、聟には舅所領の相続権がなかった。②聟は「舅の「家」支配に包摂された関係ではなく、最も身近な親類として連帯関係をもったもので、舅の「家」と聟の「家」との関係も対等[12]」であったという二点があげられる。

高橋氏の結論は多くの事例をもとに導き出されたものであり、特に②のような舅の「家」と聟の「家」の対等な関係は、高橋氏の指摘にしたがうべきであろう。したがって、佐助の舅と聟の関係は、妻方に居住する聟が舅の家には包摂されず、お互いにそれぞれの家を代表する対等な関係だったといえる。

しかし、【史料一】のような居住形態は高橋氏の①の指摘とは異なっていた。佐助の聟は妻方居住をしていたのであり、高橋氏の指摘とは一致しないのである。したがってこの事例は、当時の婚姻形態からすればかなり例外的だったことになる。高橋氏の検討対象は在地領主であり、鎌倉に住む武士達の事例はほとんど扱っていないことを考慮すると、佐助の舅と聟の関係は、鎌倉という都市に見られる、鎌倉特有の婚姻形態であったと考えることもできよう。

前稿では、鎌倉幕府の御家人たちは鎌倉に邸宅を構えて重層的、共有的にそれを使用し、そこに代官などを置くことでそれぞれのネットワークの中に鎌倉の邸宅を位置づけており、そのネットワークは、鎌倉と本貫地や所領、あるいは京都ともつながっていたことを論じた。これを踏まえると、聟となった男性が鎌倉から一時的に「田舎」へ下向しているという事実も見逃せない。ここでいう「田舎」とは聟の実家のことであろうから、聟は鎌倉と「田舎」の実家を行き来していたことになる。聟は実家を代表して鎌倉にとどまり、おそらく「田舎」にある実家の鎌倉における出張所として、ネットワークの一端を担う役割を期待されていたのではないだろうか。鎌倉に邸宅を持つ人物の聟となることで、鎌倉における拠点を確保するねらいがあったのであろう。

また、父親と聟・娘夫婦の同居という事実からは、鎌倉における邸宅の共有的使用も認めることができる。鎌倉という狭い都市の中で多くの人々が拠点を維持していくためには、こうした婚姻関係による邸宅の共有も必要だったのである。この父親、娘、聟による「珍事」は、鎌倉と本貫地や所領、あるいは京都へもつながっていくネットワークを形成し、鎌倉の邸宅を姻戚関係を持つ対等な関係の「家」同士で共有するという武士たちの存在形態を如実に明示してくれている。

父親や聟が御家人であったかどうか確証はないが、『吾妻鏡』にわざわざ書かれているという事実や、聟が「田舎」に帰っているといった点から、彼らが武士であったと考えるのが妥当であろう。そうでなかったにせよ、鎌倉に拠点を持つことは、いずれの階層にとっても重要なことであったことは想像に難くない。鎌倉はそうした拠点の集合体であり、聟を妻方の家に居住させてでも拠点を確保したい都市だったのである。そして聟は、鎌倉の舅の邸宅に同居して田舎の「家」の代表として舅の「家」と対等な関係を保ちながらも、時折「田舎」に帰るという、まさに移動する武士だったのである。

第二節　謀書を認めてしまった男の話

鎌倉時代後半の建治三年（一二七七）十一月廿八日、高井時茂《たかいときもち》が亡くなった。法名を道円という。高井時茂は三浦和田氏の支族で、さかのぼれば鎌倉幕府侍所の初代別当を務めた和田義盛《わだよしもり》の子孫であり、和田義盛の弟の宗実に始まる一族であった。和田合戦と宝治合戦で和田氏、三浦氏が弱体化する中で、越後国奥山荘《えちごのくにおくやまのしょう》などの所領を得て生き残っていたのが三浦和田氏である。三浦和田一族の在地領主としてのあり方に関しては、羽下徳彦氏(13)や『新潟県史』（通史編。一九九七年）、高橋秀樹氏(14)などによる研究があるが、一族の各人物が実際にどこに居住していたかについての言及はない。しかし近年、田中大喜氏(15)が後掲の【史料二】を用いて、在地領主の一族が複数の拠点を分担して維持しているという興味深い指摘をしている。そこで本章では、【史料二】の状況を具体的に整理することで田中氏の指摘を確認することにしたい。

三浦和田氏の一族で高井を名のっていた時茂が亡くなると、その遺領をめぐって相論が起こり、文書の偽造などが問題となって訴訟は長期化した。その過程で正安三年（一三〇一）に次のような裁許が鎌倉幕府から下された。

【史料二】関東下知状案[16]（傍線は筆者による）

和田七郎茂明申曾祖父高井兵衛時茂法師〈法名道円〉遺領事、

右、道円建治三年十一月廿八日他界之刻、同五日分二譲所領於子孫茂連・義基・兼連幷女子尼意阿一畢、彼状為二謀書一之旨、意阿訴申刻、弘安十年茂連・義基等預二裁許一畢、意阿越訴申之間、重有二其沙汰一之処、於二意阿一者、被レ奇(棄)二置越訴一、至二茂連等一者、建治譲状事、先度者実書之由申レ之、今又謀書之旨称レ之、依レ為二奸謀一、所レ被レ召二上所領一也、爰如二茂明越訴状一者、号二建治三年四月廿八日道円自筆目六一、義基始所二備進一也、彼状条々依レ有二紕繆一、加二謀難一之処、不レ及二御沙汰一之条、難レ堪也、就レ中、意阿越訴有二其謂一之間、改二先日一同儀一、令二各別一之条不レ可レ有二其難一之処、称レ有二変申之咎一、茂連之遺領不レ残二段歩一、被二収公一之条、令二参差一者也云々者、建治目録事、為二先日状一之間、究明依レ無二其詮一、被二奇(棄)捐一之条、先日成敗無二相違一歟、次、茂連罪名事、道円死去之時者、茂連在京之間、不レ知二子細一、義基称二死期之譲状一、依二賦与一、為二実書一之由、先度雖レ令二言上一、為二謀書一之旨、意阿所レ申、非レ無二子細一之間、改二一同之儀一畢、縦義基所帯状等雖レ被レ処二実書一、不レ可レ過二謀略罪科一之処、悉被レ召二所領一之条、令二依違一之旨、茂明所レ申非レ無二子細一歟、然則於二越後国奥山庄一者、充二行替於当給人一、被レ返二付茂連跡一、至二其外所領等一者、未レ被レ付二給人一云々、如レ元可レ令二領知一、次謀略咎事、任二式目一可レ有二沙汰一者、依二鎌倉殿仰一、下知如レ件

正安三年（一三〇一）八月廿日

陸奥守（大仏宣時）平朝臣　判

相模守（北条貞時）平朝臣　判

（裏書）「尼意阿為二謀書一之由、依二訴申一、所レ封レ裏也

正安三年八月廿日　陸奥守平朝臣　在御判

相模守平朝臣　在御判」

まずはこの下知状に登場する人物を整理しよう（後掲三浦和田氏略系図を参照のこと）。高橋秀樹氏(17)によれば、晩年の時茂の「家」は、時茂の子息の兼茂《かねもち》と泰茂《やすもち》が早世して時茂より先に亡くなっていたため、時茂の孫に当たる茂連《もちつら》、茂長《もちなが》、義基《よしもと》の三人と、娘の意阿《いあ》を主たる構成員としていた。茂連は中条を、茂長は北条を、義基は南条をそれぞれ名乗ったとされている。

図4　三浦和田氏略系図（ゴシックは【史料二】に登場する人物）

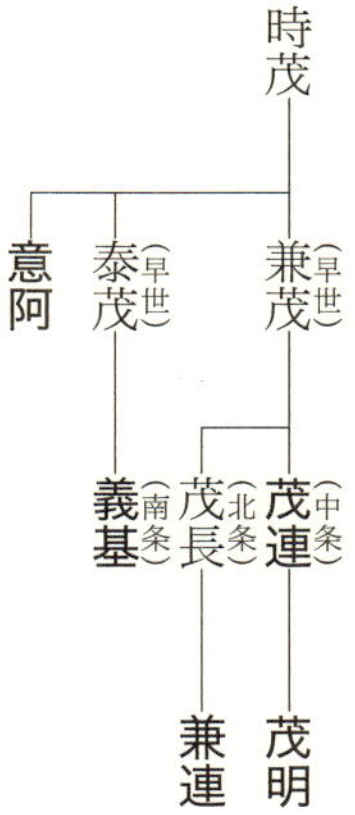

【史料二】によれば、建治三年（一二七七）に亡くなった時茂の所領は、弘安十年（一二八七）に茂連、兼連、義基への相続が鎌倉幕府によって一度は保証されている。しかしこの判決を不服とした意阿は、時茂の譲状が「謀書」であるとして越訴（再審請求）した。つまり、父時茂の譲状は偽造されたものであってその効力は無効であり、したがって茂連、兼連、義基の所領相続も無効だと意阿は再審請求をおこなったのである。

幕府は意阿の越訴を退けたが、この際に茂連は、重要な証拠である時茂の譲状についての見解を翻してしまった。一度は時茂の譲状が正真正銘のものであると主張しておきながら、意阿の越訴の際にはそれが偽物だと認めてしまったのである。幕府は「謀書」の罪で茂連の所領をすべて没収してしまった。茂連はその後、【史料二】が発給される正安三年（一三〇一）以前に亡くなってしまう。

困ったのは茂連の子の茂明《もちあき》である。生きる糧となる所領すべてを父が失い、その父も亡くなってしまったのである。そこで茂明は、所領の没収は不当であると改めて幕府に訴えた。この時の茂明の言い分を幕府が認めた【史料二】の傍線部には、興味深い事実が書かれている。

ここには、建治三年（一二七七）四月廿八日に道円（時茂）が死去した時、茂連は在京していたために祖父の死に目にあえず、詳細をよく知らずに、時茂の譲状だと義基が称する書類を認めたのだが、その後意阿が越訴すると、義基ではなく意阿の主張が正しいと判断した茂連は、譲状が偽物だと言ってしまったというのである。幸いにも、幕府は茂連に対する処罰が重すぎると判断して、越後国奥山荘については茂連の子の茂明に返付することを決めた。

訴訟の経緯については既述の研究に詳しいので省略するが、ここで注目したいのは、建治三年（一二七七）に時茂が亡くなった時、その枕元にいたのが義基だけだったという事実である。田中氏はこの状況を、「時茂と義基が本貫地の（相模国）津村屋敷に所在し、茂連は在京活動を担い、茂長らが各地の所領経営にあたる一族の分業体制に基づく散在所領の経営」[18]が行われていたと説明している。義基だけが時茂の譲状を確認できる立場にあった一方で、娘の意阿や孫の茂連、茂長が祖父の死に目に会えなかったのは、田中氏の指摘のとおり、時茂と義基が本貫地で同居し、娘の意阿、孫の茂連、茂長らは近くには居住していなかったことを示していよう。鎌倉時代を通じて、譲状をめぐってしばしば相論が起きているのも、譲渡者と複数の被譲渡者が同居していないことにその一因を求めることができるかもしれない。

京都にいたために祖父の死に目にあえず、おそらく本貫地に戻った折に従兄弟に渡された偽物の譲状を一度は信じてしまったが、後になって叔母の主張を支持して譲状が偽物であると言ってしまったために、すべての所領を没収されてしまった不幸な男。中条茂連は、京都や本貫地を行き来する、まさに移動する武士だったのである。

第三節　花押を据えなかった在庁官人の話

舞台は常陸国。時は鎌倉時代初期。承元二年（一二〇八）に常陸国の留守所から次のような下文が出された。受けとったのは、事書に登場する鹿島社の大禰宜《おおねぎ》に就任した中臣政親《なかとみまさちか》である。

【史料三】常陸国留守所下文[19]

留守所下
　可レ令三大禰宜政親領二掌神領本納幷加納・麻生等一事
右潤四月日御庁宣、七月五日到来、状偁、神領三ヶ所者、大禰宜則親（中臣）領掌所々也、仍子息等
補二大禰宜職一之日、父祖領之上、且付二本職一、各知行来歟、早任二父親廣（中臣）之例一、以二大禰宜
政親一、宜レ令二領掌一之状如レ件、者宜二承知一、依レ件用レ之、以下
　承元二年（一二〇八）七月五日
散位百済（花押）

大掾平「（異筆）鎌倉上」
目代左馬允藤原（花押）

これまでの研究[20]によれば鹿島社大禰宜職《おおねぎしき》の所領は二つの系統に分かれていた。ひとつは、平安時代末期に国衙から寄進されて大禰宜職に付属して相伝され、摂関家を本所とするものである。もうひとつは、鎌倉時代初頭に源頼朝によって中臣則親《なかとみのりちか》個人に寄進された武家的なものであった。特に前者については、鎌倉時代前期に大禰宜職の継承とともに相論が展開し、【史料三】をうけとった中臣政親《なかとみまさちか》の父である中臣親廣《なかとみちかひろ》が大禰宜となった頃には、則親の子の重親《しげちか》が大禰宜に付属する所領の領有権を主張して親廣と対立していた。

親廣は正治二年（一二〇〇）十二月十九日に大禰宜職とそれに付属する所領を嫡子の政親《まさちか》に譲った[21]。しかしその内容はなかなか実現せず、政親が本所である摂関家から大禰宜職の補任を確認されたのは、承元二年（一二〇八）四月のことであり[22]、その年の七月になって留守所からもそれが認められたことを示しているのが【史料三】である。この史料は、大禰宜職やそれに付属する所領をめぐって相論が起こり、鹿島社の周辺が混乱していた時に出された文書だったのである。

平安時代も後半になると、各国の国司は現地に赴任せず在京しており、現地の行政は各国の国衙にいる在庁官人によって構成される留守所によって担われるようになっていた。常陸国でも在庁官人らが留守所を形成して国衙行政に携わっていた。【史料三】は彼ら在庁官人が、中臣政親の大禰宜職への就任に伴う所領の継承を認めた文書である。この文書の差出に名を連ねているのが在庁官人であり、「散位百済《さんいくだら》」、「大掾平《だいじょうたいら》」、「目代左馬允藤原《もくだいさまのじょうふじわら》」の三名がそれにあたる。

ここで注目したいのは、「大掾平」だけ本文書に花押を据えていないことである。

在庁官人ならば当然、この文書に花押を据えるのが彼の職務だったはずだし、実際にその名前が文書に書かれているのにもかかわらず、彼は花押を据えず、そのかわりに異筆で名前の下に、「鎌倉上」と書かれている。これは「鎌倉に上る」と読み、本来ならば国衙において職務をこなすはずの在庁官人である「大掾平」が鎌倉に赴いているために、署判できないことを意味しているのであろう。「大掾平」は、その名のりから考えて常陸大掾氏《だいじょうし》の一族と考えて大過あるまい。

常陸大掾氏は在庁官人の系譜をひく関東の武士団として著名であるが、鎌倉幕府の成立をきっかけに大掾氏内部で変化が起こり、大掾氏惣領の地位が一族の中で揺れ動くこととなった。[23]

『吾妻鏡』によると、建久四年（一一九三）に大掾氏の惣領であった多気義幹《たけよしもと》は源頼朝から所領を没収され、その所領は同じ大掾氏の一族の馬場資幹《ばばすけもと》に与えられたことになっている。[24]しかし、馬場資幹が実際にそれらの所領を獲得したのは建保二年（一二一四）頃であった。[25]『吾妻鏡』には、「自二公家一依レ被レ下二在庁解一也」[26]という理由で、すなわち常陸国在庁から「公家」に出された上申書を「公家」が幕府に提出したことによって、幕府が資幹の所領安堵を決定したと書かれている。したがって、建久四年（一一九三）から建保二年（一二一四）の間に、幕府や「公家」をも巻き込んだ常陸大掾氏内部の惣領をめぐる混乱があったことが推測できよう。

承元二年（一二〇八）に発給されている【史料三】はまさにその混乱した時期の文書であり、そのために、差出に登場する「大掾平」が誰なのかをにわかに断定することはできない。しかし、惣領をめぐる争いの中で「大掾平」が、承元二年（一二〇八）年には鎌倉に上って幕府に自分の立場を主張し、建保二年（一二一四）には在庁解を携えて京都に赴き「公家」に働きかけて大掾氏の惣領となろうとしていたのだと考えれば、彼が馬場資幹その人であった可能性は高いであろう。

以上のように【史料三】は、差出の在庁官人である大掾氏にも、受けとった鹿島社の大禰宜である中臣氏にも混乱が生じていた時期であった。そうした状況において、大掾氏一族も、そしておそらく中臣氏一族も、鎌倉や京都に赴いて自分の立場を有利にしようと努力していたのであろう。建保二年（一二一四）にはおそらく在庁解を携え京都に赴き「公家」と交渉を行い、【史料三】にははっきりと「鎌倉上」と書かれている「大掾平」なる在庁官人も、常陸・京都・鎌倉を行き来するような、移動する武士だったのである。

おわりに

本章では、第一節で鎌倉で起きた「珍事」を、第二節では「謀書」をめぐる一族内の訴訟を、第三節では花押が据えられていない留守所下文をそれぞれ素材として、移動する武士の存在を指摘してきた。

武士たちは、田舎や京都・鎌倉をはじめとする複数の地域とのつながりを持っており、一ヶ所にとどまっているような性格の集団ではなかったのである。こうした武士の存在を前提として、改めて在地領主のあり方を問い直すことで、新たな在地領主像、武士像が描けるのではないだろうか。特に、「在地領主」という研究上の概念を考察した結果、それが在地に定住せずに移動する存在であったということになったならば、「在地領主」という研究用語そのものも再検討しなければならないということになる。本章はわずかな事例を掲げたに過ぎないが、現在の「在地領主」研究が大きな画期を迎えていることは確実である。今後の研究の更なる進展に期待したい。

注

(1) 勝山清次「中世一総論」(『史学雑誌』一一六―五「二〇〇六年の歴史学界――回顧と展望――」二〇〇七年)。

(2) 『歴史評論』六七四号、二〇〇六年。

(3) 菊池浩幸・清水亮・田中大喜・長谷川裕子・守田逸人「中世在地領主研究の成果と課題」(『歴史評論』六七四号、二〇〇六年)。

(4) 守田逸人「荘園公領制の展開と在地領主の形成」、清水亮「鎌倉期在地領主の成立と荘園制」、田中大喜「南北朝期在地領主論構築の試み」、菊池浩幸「国人領主のイエと地域社会」、長谷川裕子「戦国期在地領主論の成果と課題」。

（5）前掲注（3）菊池・清水・田中・長谷川・守田論文。
（6）野口実「「鎌倉武士」の成立と武士論研究の課題」（『東北中世史研究会報』一二、二〇〇〇年）。
（7）野口実「千葉氏と西国」（同『中世東国武士団の研究』高科書店、一九九四年。初出は一九九一年）。湯浅治久「鎌倉時代の千葉氏と武蔵国豊島郡千束郷」（同『中世東国の地域社会史』岩田書院、二〇〇五年。初出は一九九八年）。同「「御家人経済」と地域経済圏の成立」（五味文彦編『物流・交流・越境』（中世都市研究一一）、新人物往来社、二〇〇五年）。井上聡「御家人と荘園公領制」（五味文彦編『京・鎌倉の王権』（日本の時代史八）、吉川弘文館、二〇〇三年）。
（8）柳原敏昭「二階堂氏の所領と海上交通」（入間田宣夫編『日本・東アジアの国家・地域・人間』二〇〇二年）。
（9）山本隆志「辺境における在地領主の成立」（『鎌倉遺文研究』一〇、二〇〇二年）、同「関東武士の在京活動――宇都宮頼綱を中心に――」（『史潮』六〇、二〇〇七年）。
（10）『吾妻鏡』建長二年（一二五〇）六月廿四日条。
（11）高橋秀樹「鎌倉期・在地領主層の婚姻と親族」（『日本中世の家と親族』吉川弘文館、一九九六年。初出は一九八八年）。
（12）前掲注（11）高橋著作、二九三頁。
（13）羽下徳彦『惣領制』（至文堂、一九六六年）。
（14）高橋秀樹「越後和田氏の動向と中世家族の諸問題」（『三浦一族の研究』吉川弘文館、二〇一六年。初出は一九九七年）。
（15）田中大喜「在地領主結合の複合的展開と公武権力」（二〇〇七年度歴史学研究会大会中世史部会大会報告、二〇〇七年）。
（16）正安三年（一三〇一）八月廿日関東下知状案（「中条家文書」『鎌倉遺文』二〇八四二号文書）。

（17）前掲注（14）高橋論文。

（18）前掲注（15）田中論文。なお（　）部分は筆者が補った。

（19）承元二年（一二〇八）七月五日常陸国留守所下文（「鹿島大禰宜家文書」『鎌倉遺文』一七四九号文書）。文面は、新田英治「鹿島大祢宜家文書の発見によせて」（『茨城県史研究』八〇、一九九八年）によって修正を施した。なお、本文書および新田論文については清水亮氏のご教示を得た。記して謝意を表したい。

（20）菊地勇次郎・網野善彦・新田英治「解説・鹿島郡」（『茨城県史料』中世編Ⅰ、一九七〇年）、網野善彦『里の国の中世』（平凡社、二〇〇四年。初出は一九八六年）。以下の大禰宜職継承に関する記述も両書による。

（21）正治二年（一二〇〇）十二月十九日鹿島社大禰宜中臣親廣譲状（「塙不二丸氏文書」『鎌倉遺文』一一七三号文書）。

（22）承元二年（一二〇八）四月日関白家政所下文（「鹿島神宮文書」『鎌倉遺文』一七三七号文書）。

（23）前掲注（20）両書および水谷類「鹿島社大使役と常陸大掾氏」（『茨城県史研究』四二、一九七九年）、義江彰夫「中世前期の国府――常陸国府を中心に――」（『国立歴史民俗博物館研究報告』八、一九八五年）参照。

（24）『吾妻鏡』建久四年（一一九三）六月廿二日条。

（25）網野善彦「常陸国南郡惣地頭職の成立と展開」（『茨城県史研究』一一、一九六八年）および前掲注（23）義江論文参照。

（26）『吾妻鏡』建保二年（一二一四）九月十九日条。なお『吾妻鏡』には「資幹」ではなく「資盛」と表記されているが、これが『吾妻鏡』の誤記であろうことは、前掲注（23）義江論文第三章注（10）で指摘されている。

第三章　都市の地主

――「浄光明寺敷地絵図」にみる中世鎌倉の寺院――

はじめに

ＪＲ横須賀線の鎌倉駅で降り、駅の西口を出てから鎌倉市役所前の交差点を右に曲がって、最初にぶつかった踏切を右に渡ると、鎌倉市扇ガ谷二丁目付近にたどりつく。泉谷《いずみがやつ》の字をもつこの静かな住宅街の中に、浄光明寺《じょうこうみょうじ》という寺がある。

寺伝によると開山が真阿上人《しんあしょうにん》、開基は鎌倉幕府執権の北条時頼《ときより》と北条（赤橋《あかはし》）長時《ながとき》の二人で、建長三年（一二五一）の草創と伝えられている。ちなみに赤橋とは、鶴岡八幡宮の前面に架かっている橋が赤く、この橋の近くに邸宅を持っていたために、重時流北条氏の一族は赤橋を名字にしたといわれている。

『吾妻鏡』に浄光明寺の名は登場しないが、鎌倉幕府滅亡後の元弘三年（一三三三）には、後醍醐《ごだい》醐天皇《ごてんのう》によって浄光明寺領が安堵されているので、浄光明寺という寺号は『吾妻鏡』の途絶えた鎌倉時代後半に確立したのであろう。建武二年（一三三五）の中先代の乱を鎮圧した足利尊氏《あしかがたかうじ》が、後醍醐天皇に恭順の意志を表明するために蟄居したのが浄光明寺であったと『梅松論』に記されている。このように浄光明寺は、鎌倉時代後半に北条氏によって建立され、南北朝期以降は足利氏との関係が深い寺院であった。

この浄光明寺で二〇〇〇年、「浄光明寺敷地絵図」と中央に記された絵図が「発見」された。同年に一般公開され、その後、重要文化財に指定されたこの絵図は、鎌倉幕府滅亡後の鎌倉に入った足利直義が、浄光明寺のもつ寺周辺の敷地の所有権を承認する際に描かれたものだと考えられている。寺が周囲の敷地を所有するということは、寺がその土地の地主であったことを示唆している。この絵図を手がかりとして、寺院の中世都市における地主としての側面を見ていこう。

このことは、序章で示した、河野氏の提示する課題③武士の集住や④権力者による社寺造営とも関わる論点である。

第一節　「浄光明寺敷地絵図」をよむ

一　浄光明寺とは

すでに述べたように、浄光明寺という寺号は鎌倉時代後期に成立した。史料によれば、開基の一人である北条（赤橋）長時は文永元年（一二六四）に浄光明寺で没したという。長時死去の翌年に、長時供養のための仏事が「泉谷新造堂」で行われたと『吾妻鏡』にあるので、彼の死後、その邸宅内に新造された堂が発展して浄光明寺となった可能性が高い。つまり浄光明寺は、長時の邸宅内に作られた堂がその原型であったことになる。

鎌倉に寺院が多いのは、このように住人の死後にその邸宅内に堂舎が建てられ、それが寺院として発展した例が多いからであろう。鎌倉時代には、長時の子孫である赤橋流北条氏の保護を受け、永仁四年（一二九六）四月および延慶三年（一三一〇）十一月の火災で焼失しながらもすぐに再建され、浄光明寺は大きく発展した。中心的な伽藍は、徳治元年（一三〇六）頃にほぼ整ったという[1]。

寺伝によれば鎌倉幕府が滅亡すると、元弘三年（一三三三）に後醍醐天皇によって寺領が安堵され、同年のうちに鎌倉に下った成良親王《なりよししんのう》の祈願所となり、建武政権からも保護を受けた。中先代の乱後に足利尊氏が浄光明寺に蟄居したことは先述のとおりである。その後さらに、康永三年（一三四四）には浄光明寺の塔頭である玉泉院へ、観応二年（一三五一）には同じく慈恩院へ足利直《あしかがただ》義《よし》が仏舎利を奉納しており、また、延文二年（一三五七）には尊氏がやはり同寺の塔頭である慈光院に数ヶ所の所領を寄進しており、南北朝期における足利氏と浄光明寺との深い関係をうかがわせる。

尊氏の正室の登子《とうこ》は、北条長時の孫に当たる赤橋（北条）久時《ひさとき》の娘であり、久時は現在の浄光明寺の本尊である木造阿弥陀三尊像を正安元年（一二九九）に造立させた人物であった。つまり、尊氏にとって浄光明寺は、正室の父が本尊を作らせた寺院であり、いわば義父の菩提寺のような存在であったことになる。おそらくはこのような血縁関係（図5参照）によって、足利氏と浄光明寺とは結ばれていたのであろう。

図5　浄光明寺関係者系図

北条（赤橋）長時―義宗―久時―守時
　　　　　　　　　　　　　└登子
　　　　　　　　　　　　　　‖
足利貞氏―尊氏
　　　　└直義

以上のように浄光明寺は、鎌倉時代には赤橋流北条氏の帰依を受けて建立・維持され、建武政権にも足利政権にも保護された寺院であった。しかし浄光明寺は、何もせずにその保護を勝ち得たわけではない。その確かな証拠が「浄光明寺敷地絵図」（口絵参照）である。

二　絵図の作成過程

この「浄光明寺敷地絵図」は、鎌倉幕府が滅亡した後、鎌倉に入った足利直義の下で実務に当たっていた上杉重能《うえすぎしげよし》が花押を書いていることから、重能が鎌倉に滞在していた元弘三年（一三三三）五月から建武二年（一三三五）の間に作成されたことがわかっている。(2)

　これまでの研究では、絵図の中に、「守時《もりとき》跡」などとあり、「跡《あと》」とはかつての所有者を示す語であることから、屋地の所有者が滅亡したために、この絵図によって浄光明寺がそれらの屋地の給付を望み、寺領を増加させたと解釈されている。そしてその寺領が、絵図の中では朱線に囲まれた地域だというのである。しかし、いくら足利氏との関係が深いからとはいえ、北条氏とのつながりが強かった浄光明寺が、鎌倉幕府滅亡によって寺域を増やすという「得」をすることができたのか、疑問に感じざるをえない。そこで、この絵図をより詳細に検討することによって、その疑問に答えてみたい。

　「北」を右上とするのを基本的な視点に定め、まずはこの絵図に記された人名を見てみよう。図6のトレース図を参照願いたい。絵図の左上に「高坂地類《たかさかちるい》」とあり、「地蔵堂路」をはさんで、その下には「高坂《たかさか》」、「刑部《ぎょうぶ》跡」、「土州《どしゅう》跡」と記されている。絵図中央下には「英比三郎《あぐいさぶろう》右《う》衛門《えもん》入道《にゅうどう》跡」と「上野守《こうづけのかみ》跡」が細い道をはさんで配置されており、その右には「右馬権助《うまごんのすけ》跡」、その上に「守時跡」、「御中《おんなか》跡」と書かれている。このうち、「刑部跡」から「守時跡」までの人名にはそれぞれ「口〜丈、奥〜丈」といったデータが朱字で書き加えられている。こうした面積表示があるのは、「御中跡」を除くすべての、「〇〇跡」と記された地域である。

「〇〇跡」のように人名の下に「跡」を加えるのは、その地域の所有権を持っていた「〇〇」

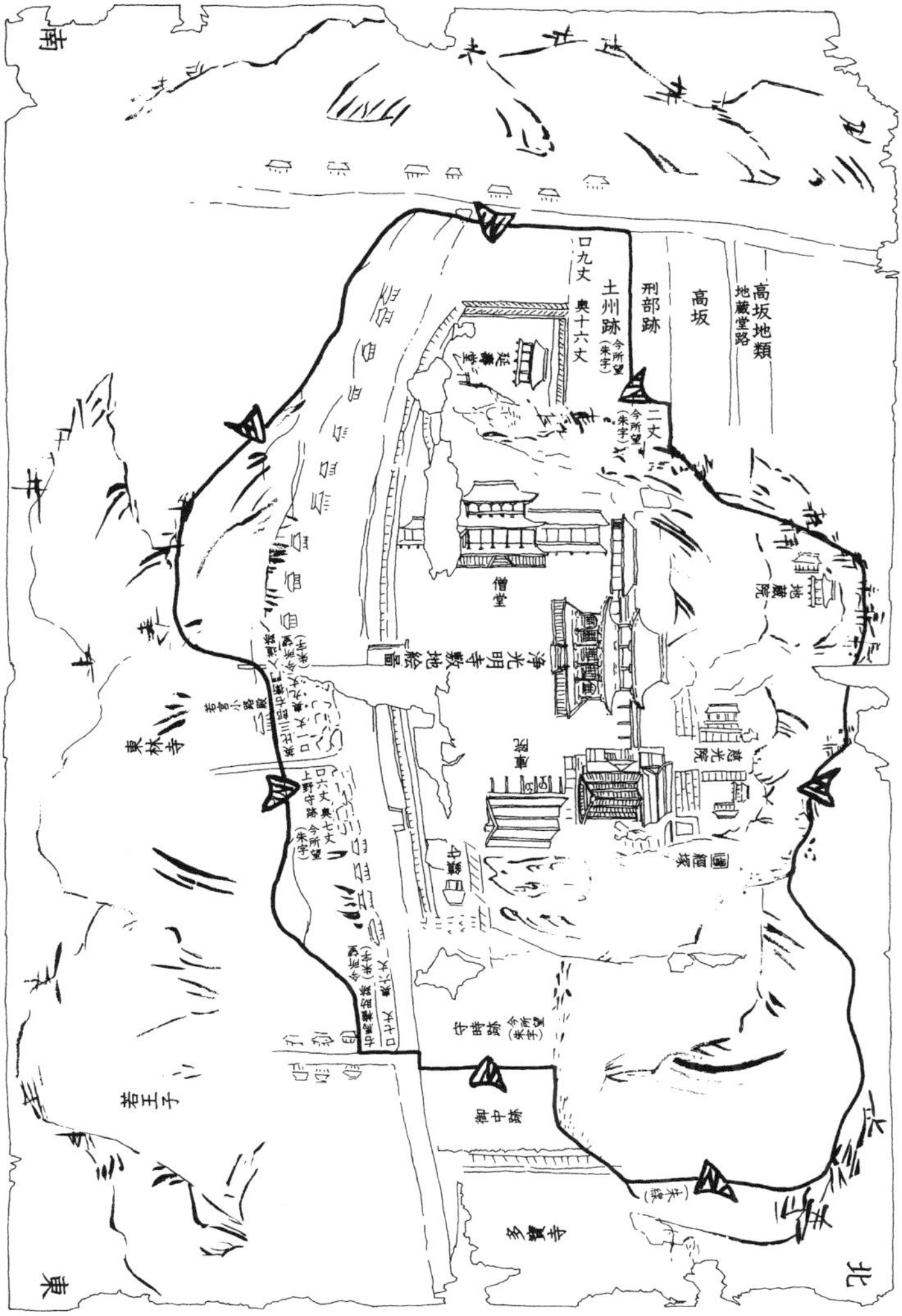

図6　浄光明寺敷地絵図トレース図（大三輪龍彦編『浄光明寺敷地絵図の研究』新人物往来社、2005年）

なる人物が滅亡して次の所有者が定まらない時だと考えられる。したがって、「守時跡」とは、かつて守時という人物が所有していた土地であったことを示す。守時とは北条（赤橋）守時のことであり、浄光明寺の本尊を作らせた久時の子で、足利尊氏にとっては義理の兄弟に当たる。このことからも、この絵図が鎌倉幕府滅亡直後に作成されたことは疑いあるまい。「跡」が書かれていない「高坂」の一族は、南北朝期にも活躍する武蔵国の武士団であり、鎌倉幕府滅亡後もこの地域を所有していたのであろう。

絵図に書かれた人物が誰なのかを特定すると、以下のようになる。(3)

「高坂」＝武蔵国の武士団
「刑部」＝摂津《つ》親鑒《ちかかね》
「土州」＝北条（大仏《おさらぎ》）宗泰《むねやす》か
「英比三郎右衛門入道」＝英比《あぐい》を名のる一般御家人か北条氏の従者
「上野守」＝北条（大仏）直俊《なおとし》
「右馬権助」＝北条（大仏）高直《たかなお》
「守時」＝北条（赤橋）守時
「御中」＝北条氏嫡流得宗家の人物

なお、後述する「円覚寺境内絵図」には「中殿跡《なかどの》」とあり、この「中殿」なる人物を、八代将軍久明親王《ひさあきらしんのう》の妃で冷泉為相《れいぜいためすけ》の娘とする説がある。(4) 浄光明寺の裏山には、絵図には描かれていないものの、現在も冷泉為相の墓が残されているので、「御中殿」がこの「中殿」であった可能性も残されていよう。

次に、「北」を右上とする基本的な視点を維持したまま、絵図に描かれた堂舎を見てみよう。中央には立派な仏殿が描かれ、右に「庫院」、左に「僧堂」が配置されている。「僧堂」の左には病気の僧侶を収容したり火葬を行ったりする「延寿堂」があり、仏殿の右上には「慈光院」、さらに左上には「地蔵院」が描かれている。「慈光院」とは、浄光明寺の開基の一人である北条長時の法名であり、「地蔵院」とは、本寺に住した性仙という僧侶が正和二年（一三一三）に供養したと寺伝で伝えられる網引地蔵を祀ったものであろう。

寺外に目を転じると、仏殿の正面に「東林寺」、絵図の右下に「若王子」、右端中央には「多寶寺」の文字のみが見える。図版では読みとりにくいかもしれないが、寺外の寺院の名称は他の部分の文字よりも薄い墨で書かれているようである。墨の濃さからすると、建物や地形を描いた部分とこれらの寺院名は同じ筆が用いられていると考えられる。「地蔵院」の左に伸びる道に書かれた「地蔵堂路」の文字も同様であろう。

それに対して、比較的濃い墨で書かれているのが、絵図左側では「地蔵堂路」以外の文字だ。すなわち、「高坂地類」「高坂」「刑部跡」「土州跡」「二丈」「口九丈」「奥十六丈」の文字である。

同様に、絵図中央やや右下の「英比三郎右衛門入道跡」「口一条奥九丈」「上野守跡」「口六丈奥七丈」や、さらに右の「右馬権助跡」「口七丈奥六丈」、右上の「守時跡」「御中跡」も濃い墨で書かれている。

先述のように「跡」とはかつての所有者を示す語である。これらの文字に用いられている墨は、上杉重能の花押と同じ濃さのように見える。一方で、寺域を定めたと考えられる周囲をとりまく朱線は、「口〜奥〜」と面積表示されている場所の脇に書かれた「今所望《いましょもう》」という文字の色と同じようである。花押は、朱色で定められた境界を保証するために書かれたものと考えるならば、朱色の筆で境界線や「今所望」などの文字が書き込まれた後に、濃い墨で花押や土地の所有者が書かれたことになる。

したがって「浄光明寺敷地絵図」は、①薄い墨によって同寺の伽藍および周囲の地形や隣接寺院名が書かれ、②朱色の筆によって周囲の境界線と「今所望」の文字が書かれた後、③濃い墨によって花押および周囲の屋地の所有者(あるいは元所有者)が書かれた、という三段階を経て作成されたと推定できることになる。

三　寺域は増えたのか

さて、こうして作成された「浄光明寺敷地絵図」によって、浄光明寺は寺域を増やすことができたのであろうか。ここで参考になるのが、浄光明寺と同じ鎌倉に現在も残る、覚園寺に関する次の史料である。

【史料一】「足利尊氏御教書写」(5)

覚園寺門前地事、任二絵図際目之旨一、厳密退二敷地居住輩一、忩築地可レ致二修功一状如レ件

文和二年十一月六日　　　尊氏（花押）

左馬頭（足利基氏）殿

この史料によれば、覚園寺門前の地に居住している人々を退去させ、その土地を囲む築地《ついじ》を修築して覚園寺の敷地として確保するようにと、足利尊氏が足利基氏に命じていることがわかる。ここでは、寺の敷地の可視的な境界が「築地」であったことに注目したい。築地の中こそが覚園寺の敷地であり、覚園寺が所有を主張できる地域だったのである。また、覚園寺の敷地に関しても、浄光明寺と同様に「絵図」が作成されていることも見逃せない。おそらくこの絵図も、鎌倉幕府滅亡直後に作成されたものであろう。

覚園寺の例をふまえた上で、もう一度「浄光明寺敷地絵図」を見てみよう。

この絵図にも築地とおぼしき絵画表現が見られる（図6参照）。左手の「延寿堂」を囲むようにして描かれている屋根がおそらく築地塀であろう。塀は「延寿堂」の下を通って右へと伸び、仏堂正面の門、「鎮守」脇の門を形成しながら、途中は不鮮明ながらも、「御中跡」の左側まで続い

ている。【史料一】をふまえると、この築地で囲まれた範囲が狭義の浄光明寺の敷地と言えよう。しかし右端の「御中跡」は、築地の内側であるにもかかわらず、上杉重能の花押によって保証された敷地からは除外されている。これを整合的に説明するには、以下のように考えるほかない。すなわち、鎌倉時代は築地で囲まれた「御中跡」までが浄光明寺の敷地内であったが、「浄光明寺敷地絵図」に上杉重能の花押が書きこまれたことによって、「御中跡」が浄光明寺の敷地から排除された、と考えるのである。つまり「御中跡」は、浄光明寺が重能によって没収された土地だったのである。したがって、この絵図によって寺域が増えたのかどうかという疑問に対しては、減ったという解答を導き出さざるをえないない。

この解答を補強する材料をもう一点あげてみよう。絵図の左側に「刑部跡」とあり、その右側に「二丈　今所望（朱字）」とある。その文字のすぐ右に、不鮮明ではあるが、四角い穴のように見える部分がある。この部分は、現在も浄光明寺に残るトンネルを表現したものであり、「刑部跡」奥の二丈を浄光明寺が「今所望」したのは、このトンネルの出口を確保する必要が生じたからだと指摘されている。(6)

絵図にトンネルが描かれているのだから、実際にそこにトンネルがあったことは間違いないだろう。しかし、出口を別人が所有していたならばトンネルを掘る必要はない。したがって、鎌倉時代には出口まで含めて浄光明寺が所有していたと考えるべきである。鎌倉時代から浄光明寺がトンネルの出口を所有していたならば、同一地割である「刑部跡」全体が浄光明寺の敷地であったと考えるのが妥当であろう。しかしこの絵図では、一番右側（トンネルの出入り口）の二丈のみしか浄光明寺は安堵されていない。これを整合的に理解するには、本来浄光明寺の敷地であった「刑部跡」の一部のみが浄光明寺に安堵され、それ以外は上杉重能によって没収されたと考えるほかないだろう。トンネルという通路を確保するために、出口だけは安堵してもらったと考えられる。また、本来は寺域であった場所に「今所望」と書かれているということは、この三文字は新たに寺域を増やそうとする場所に書かれているのではなく、浄光明寺がどうしても確保したい地域に書かれていると判断できる。やはり、この絵図によって浄光明寺の寺域は減ったのである。もし減っていなかったとしても、少なくとも現状維持でしかなかったと考えられよう。

しかし、それでもひとつの疑問が残る。それは、「刑部」（摂津親鑒）の跡地だと記されている地域が、本来は浄光明寺の敷地であったという点である。ひとつの地域に摂津親鑒と浄光明寺の両方が権利を持っているというのは、具体的にどのような状況を想定すればいいのだろうか。その謎を解くために、「浄光明寺敷地絵図」とほぼ同じ経緯で作成されたと考えられる「円覚寺境内絵図」を参考にしながら、「浄光明寺敷地絵図」をより深く読みこんでいこう。

第二節　都市における重層的土地所有

一　「円覚寺境内絵図」との比較

現在の北鎌倉駅でＪＲ横須賀線を降りると、目の前にあるのが円覚寺である。蒙古襲来の犠牲者を弔うために弘安五年（一二八二）に建てられたこの寺は、北条時宗が無学祖元を招いて開いた、鎌倉を代表する大寺院である。室町時代には鎌倉五山の第二位に列せられた円覚寺もまた、鎌倉幕府滅亡直後に境内の絵図を作成し、上杉重能の花押によって寺域を安堵されている。ここでは、円覚寺に残された絵図と「浄光明寺敷地絵図」とを比較しながら、改めて都市における土地の権利関係を問い直してみよう。

「円覚寺境内絵図」(7)（口絵及び図7参照）は建武元年（一三三四）から建武二年（一三三五）七月の間に作成された。その根拠となるのは、絵図左下にわずかに見える「薩摩掃部大夫入道跡」という記述である。この記述は、かつてその地域が薩摩《さつま》掃部《かもん》大夫《だゆう》入道《にゅうどう》のものであったことを示している。薩摩掃部大夫入道とは、文保二年（一三一八）に北条高時から山内に土地を与えられた薩摩掃部大夫成綱《なりつな》だと考えられる。彼は鎌倉幕府の御家人でありながら建武政権側に味方することで幕府滅亡という難局を乗りきり、建武元年（一三三四）には奥州寺社惣奉行となって北畠親房とともに奥州に下っている。

彼が鎌倉にいる間に「薩摩掃部大夫入道跡」と絵図に書かれることはないので、絵図作成の上

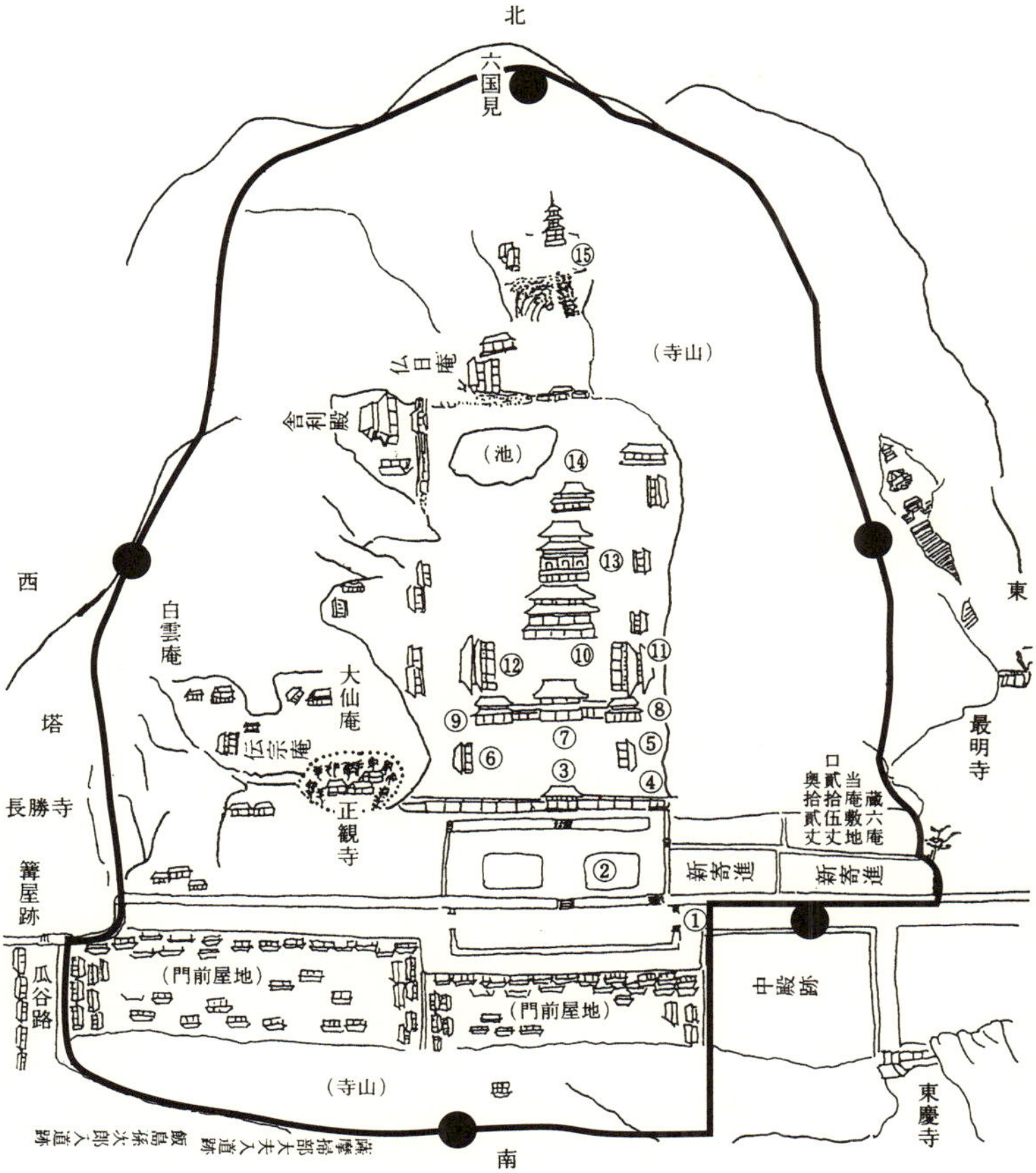

図7　円覚寺境内絵図（松尾剛次『中世都市鎌倉の風景』吉川弘文館、1993年）
掲載図に筆者加筆、●は上杉重能の花押の位置を示す。

限は成綱が鎌倉を離れた建武元年（一三三四）となる。一方でこの絵図には、建武二年（一三三五）七月に建長寺から円覚寺へと移された正続院が描かれていないので、作成の下限は建武二年（一三三五）七月ということになる。(8)

この絵図も、「浄光明寺敷地絵図」と同様に、朱線で囲まれた寺域を安堵するために上杉重能の花押が五ヶ所に書かれている。築地とおぼしき塀が狭義の境内を示しており、さらにその門前の比較的簡素に描かれている建物も含めた広義の境内が、絵図には表現されている。絵図の右下にある花押の上には、「新寄進」「蔵六庵　当庵敷地口貳拾伍丈奥拾貳丈」と書かれており、これまでの研究では、この地域が足利直義によって新たに円覚寺に寄進されたと考えられてきた。

しかし、円覚寺門前のこれだけの敷地を鎌倉時代に円覚寺が所有していなかったとは考えにくい。また、図版では確認しにくいが、「新寄進」の墨と花押の下にある「中殿跡」の墨が若干異なるように見えることにも注目したい。円覚寺側からすれば、最大限の寺域を申請し、安堵してもらうように工作するのが普通であるから、この絵図に描かれたほとんどの地域の安堵を申請したに相違ない。したがって、円覚寺は当初、「中殿跡」も含め、最明寺や東慶寺の境界までを寺域として申請したのだが、「中殿跡」は没収され、「蔵六庵」も、いったん没収された後に改めて足利直義によって寄進という形で安堵されたと考えるのが妥当であろう。「新寄進」周辺の文字は、上杉重能の側で書き込まれた可能性が高い。ここでもやはり、寺域は減っているか、減らなかったとしても現状維持だったのである。(9)

それでは次に、絵図の中央下部にある、門前の簡素な建物に視点を移してみよう。描かれ方からして、これらの建物は寺の堂舎ではなく、庶民の住むような町屋だったと考えられる。円覚寺門前の屋地については、次のような史料が注目される。

【史料二】「円覚寺門前屋地注文」（円覚寺文書）『神奈川県史』三九九四号文書

円覚寺門前屋地之事

合八十二間者

見心地十六間　中居小番地並
居者随一
地子六十四文定

浄円地十七間　飯頭地並
居者唯性
地子六十八文定

了本地廿二間　行心地並
居者真宗
地子八十八文定

善了地八間　御浄分地並
　　　　　　居者性参頭跡
　　　　　　地子三十二文定

了一地九間　浄仏地並
　　　　　　居者畳刺
　　　　　　地子三十六文定

理得地九間　得円地並
　　　　　　居者弥四郎
　　　　　　地子三十六文定

貞和四年〈戊子〉二月晦日　重共校之
修造司〈景粲監寺〉　直歳〈仁徹監寺〉　安武（花押）
院主〈勝栄寺〉

この史料からは、見心・浄円以下六人は正続院の承仕や小番などであり、彼らは、地を別人に貸与して地子を取っていたことや、円覚寺・建長寺の一帯は僧たちの需要をまかなうための職人・商人などが集住し都市的な場となっていたことなどが読み取れるという。(10) 円覚寺門前の屋地は、寺院で雑用をつとめる下級の僧侶である承仕や小番といった人々（史料では見心・浄円・了本・

善了・了一・理得の六人）によって所有され、彼らはさらに下層の人々（史料では随一・唯性・真宗・性参頭跡・畳刺・弥四郎の六人）といった職人らにその地を又貸しして地子と呼ばれる家賃収入を得ていたのである。「畳刺」はおそらく畳職人のことであろう。

つまり、円覚寺門前の土地は下級僧侶の、ひいては円覚寺そのものの収入源であり、一間当り四文の、地子とよばれる家賃が発生していたのである。円覚寺が鎌倉幕府滅亡の際に絵図を作成して安堵を願い出た境内のうち、築地の外の屋地は、こうした地子徴収権を伴うものだったのである。地子という収入があるからこそ、円覚寺は何とかして築地の外の屋地を確保しようとしたのであろう。この状況を概念図で示すと図8のようになる。

上記のような「円覚寺境内絵図」に関する状況を踏まえ、改めて「浄光明寺敷地絵図」を見てみると、円覚寺と同様の在り方が想定できる。すなわち、浄光明寺が絵図を作成して安堵を願い出た地域のうち、築地の外に描かれた屋地は、浄光明寺が地子徴収権を持っていた土地だと考えられるのである。「今所望」と書かれた地域も、「円覚寺境内絵図」の「新寄進」と同様に、いったん没収された土地を改めて所望しているのであろう。したがって、「浄光明寺敷地絵図」に描かれた北条氏や摂津氏名義の土地も、門前の屋地と同様に本来は浄光明寺の所有していたものだったと考えられる。

特に、上杉重能の花押が書かれている周辺には、「今所望」の文字と「口～丈」「奥～丈」といった面積表示が、狭い面積であるにもかかわらず詳細に描き込まれているのは、浄光明寺の既

図8 【史料二】概念図

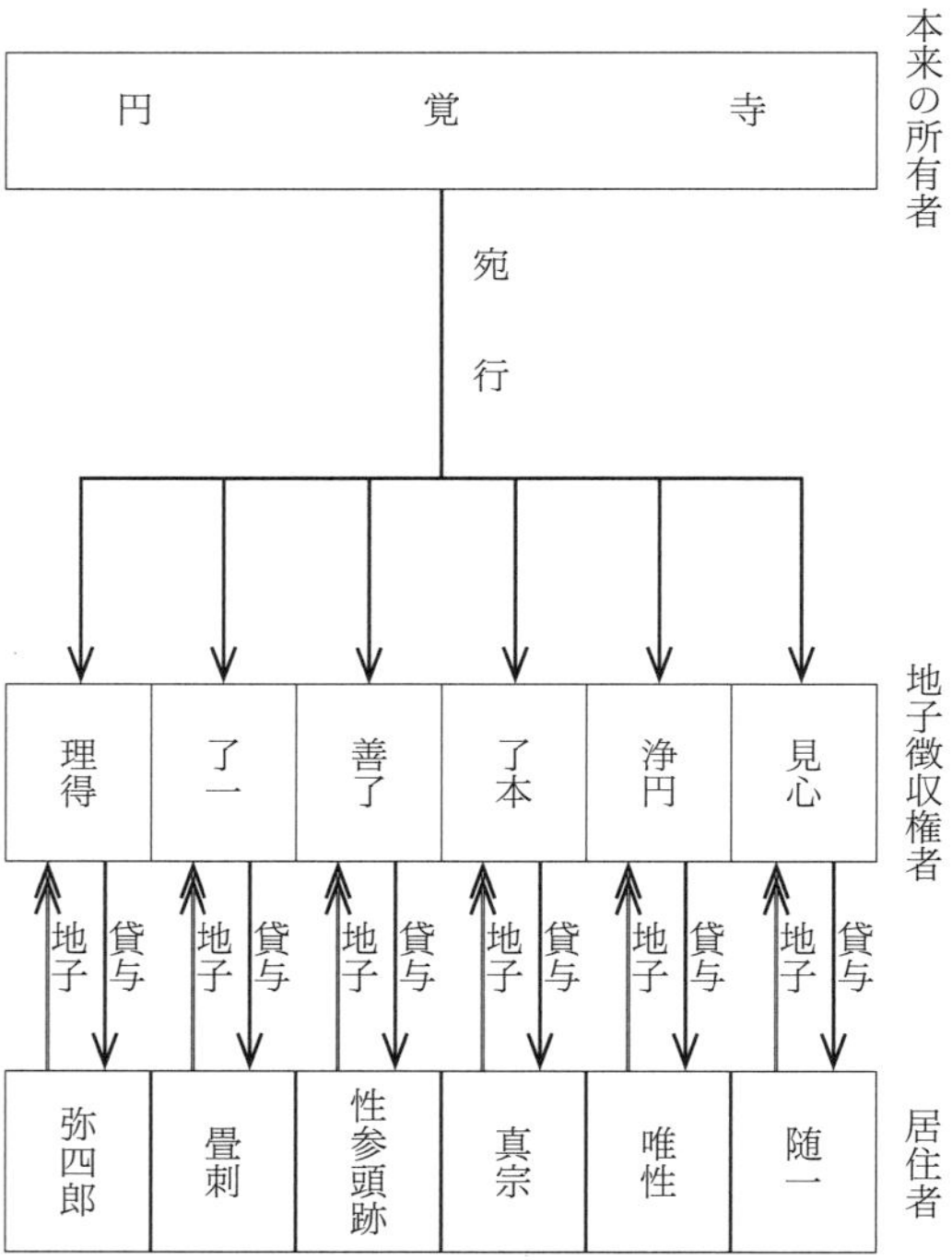

得権益である地子徴収権を守るため、境界部分の細かな面積まで確定する必要があったからであろう。

そしておそらく朱色で囲まれた線からはずれてしまった「高坂地類」「高坂」「刑部跡」「御中跡」も、浄光明寺が本来は所有権を持っている土地であり、それが高坂や摂津氏らの武士に貸し出され、さらに下層の人々に又貸しされていたのであろう。図8で示した「本来の所有者」が浄光明寺であり、地子徴収権者が高坂や刑部であり、実際にはさらに下層の人々が居住していたと考えられる。

また、浄光明寺が絵図を作成してまでこれらの権益を守ろうとしていることから、地子の一部が本来の所有者である浄光明寺にももたらされていた可能性が高い。つまり、浄光明寺は寺周辺の地域を鎌倉に住む武士たちに貸し出すことによって、一定の地子を得ることができたと考えられるのである。そして幕府滅亡によって浄光明寺が失った、あるいは新たに望んだのは、地子を徴収する権利だったのである。

寺が周辺の土地を貸し出して地子と呼ばれる賃貸料を得る、という説が認められるとすれば、それはいかなる実態をともなったものだったのであろうか。また、なぜ武士たちは浄光明寺から土地を借りなければならなかったのであろうか。その疑問に答えるために、しばらく絵図からは離れ、関連する古文書に目を通してみよう。

二　「地」と「宿所」

「浄光明寺敷地絵図」に登場する人物の具体的な人名については、以下の史料が重要な根拠となる。

【史料三】(11)「年未詳崇顕（金沢貞顕）書状」（傍線は筆者）

（前欠）

一、去月十九日夜、(A)甘縄の城入道（安達時顕）の地の南頬、いなかき左衛門《さえもん》入道《にゅうどう》宿所の候より炎上出来候て、其辺やけ候ぬ。南者越後大夫将監時益《えちごだゆうしょうげんときます》北まてと承候。彼家人糟屋孫三郎《かすやまごさぶろう》入《にゅう》道《どう》以下数輩焼失候。北者城《じょう》入道《にゅうどう》宿所を立てられ候ハむとて、人を悉被立候程ニ、そのあきにてとゝまり候ぬ。南風にて候しほとニ、此辺も仰天候き。北斗堂計のかれて候之由承候、目出候〱

一、去夜亥刻計ニ、(B)扇谷の右馬権助家時《うまごんのすけいえとき》（大仏家時）門前より火いてき候て、亀谷の少路へやけ出候て土左《とさ》入道《にゅうどう》（大仏宗泰カ）宿所やけ候て、浄光明寺西頬まてやけて候。右馬権助《うまごんのすけ》・右馬権頭貞規《うまごんのかみさだのり》後室《こうしつ》・刑部権大輔《ぎょうぶごんのだいすけ》入道《にゅうどう》（摂津親鑒）宿所等者無為に候。大友近江《おおともおうみ》入道《にゅうどう》宿所も同無殊事候。諏方《すわ》六郎左衛門《ろくろうさえもん》入道《にゅうどう》家焼失候云々。風始ハ雪下方へ吹かけ候き。後ニハ此の宿所へ吹かけ候し程ニ、驚存候しかとも、無為候之間、喜思給候。(A)火本ハ秋庭入道（右馬権助家人）（同前）と高橋のなにとやらんか諍《いさかい》候之由聞候。あなかしく。

十一月十一日

【史料三】は、おそらく元徳元年（一三二九）に北条一族の金沢貞顕によって書かれた書状である。ここには、鎌倉でおきた二つの火事について書かれている。傍線部（C）によれば、二度目の火事は大仏家時の家人である秋庭入道と高橋某の喧嘩が原因であったという。傍線部（B）の冒頭にあるように大仏家時の門前から火がおきたのだから、家時の家人の二人は、主人である大仏家時の屋敷内かその門前に住んでいたのであろう。また傍線部（B）によれば、この火事によって浄光明寺の西隣付近まで延焼して大仏宗泰の「宿所」は焼けてしまったが、大仏家時、北条貞規後室（赤橋守時の姉妹）、摂津親鑒らの「宿所」は無事だったという。以上のように【史料三】からは、浄光明寺周辺に大仏家時（高直の兄）や大仏宗泰、摂津親鑒らの「宿所」があったことがわかる。そして、まさにこれが「浄光明寺敷地絵図」と符合するのである。[12]

【史料三】と「浄光明寺敷地絵図」との比較については、今後の課題として次の二点が示されている。[13] 一点目は、赤橋流北条氏と関係の深い浄光明寺の周囲であるにもかかわらず、同じ北条氏でありながら血縁関係の遠い大仏流北条氏の宅地が多く、血縁関係のほとんど認められない摂津親鑒や武蔵国豪族高坂氏、英比三郎右衛門入道の領がなぜ描かれているのか。二点目は、「浄光明寺敷地絵図」に描かれた武士達の宅地の周囲に小さな家が建ち並んでいるが、これらの小さな家と宅地の所有者との関係はどうだったのか、という点である。

この課題に答えるために、再び【史料三】を読んでみよう。傍線部（A）は一つめの火事について書かれた部分である。これによれば、鎌倉の甘縄で、安達時顕《あだちときあき》の「地」の南隣に当たる「いなかき左衛門入道」の「宿所」から出火した。この火事によって南は北条時益《ほうじょうときます》の領地まで焼けてしまい、時益の家人である糟屋孫三郎入道《かすやまごさぶろうにゅうどう》以下、数人の家が焼失してしまった。北は安達時顕の宿所を建てようと予定していたため、事前に居住者をすべて立ち退かせていたので、そのためにできていた空き地で火の延焼がくい止められたということである。

また、「城入道の地」と「城入道宿所」とあるように、「地」と「宿所」[14]の語が使い分けられていることがわかる。以上を概念図に示すと次のようになる。

図9　【史料三】の傍線部（A）概念図

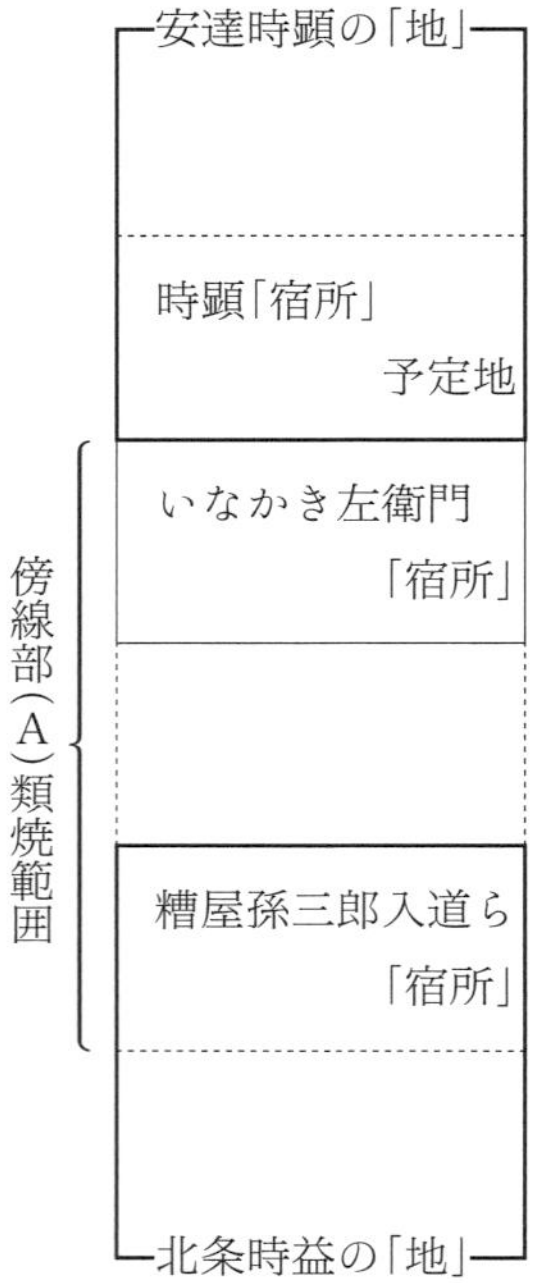

この概念図をもとに、「地」と「宿所」の語に注意しながら、宅地の所有者と居住者との差異について考えてみよう。

この火事は、安達時顕の「地」の中に新たに時顕の「宿所」を建てようと計画していたため、そこにいた人々を立ち退かせていたので、その空き地で類焼が止まったとされている。つまり、安達時顕の「地」に当初は他人が住んでいたことになる。また、北条時益の家人である糟屋孫三郎入道らの「宿所」があったのは、おそらく彼らの主人である北条時益の「地」であったと考えられる。

つまり、「地」とは安達や北条クラスの御家人が持っているある程度広域な土地そのものを指し、「宿所」とは、その「地」を持つ御家人の家人・被官レベルの人々が居住している建物を指しているのである。したがって、宅地の所有者が「地」を保有しており、「地」保有者の家人らが「地」の中にある「宿所」に居住していたと考えることができる。

この「地」と「宿所」の概念を【史料三】傍線部（B）（C）に当てはめてみよう。傍線部（C）によれば、火もとは大仏家時《おさらぎいえとき》の家人の秋庭《あきば》入道《にゅうどう》と高橋某であったから、おそらく「地」の所有者は家時で、その中に家時家人の秋庭・高橋両氏が「宿所」を持っていたのであろう。傍線部（B）によれば、そこから燃えだした火事は、浄光明寺の西の大仏宗泰の「宿所」は焼いてしまったが、大仏家時、北条貞規後室（赤橋守時の姉妹）、摂津親鑒らの「宿所」は無事だったという。

彼らの「宿所」もまた、誰かの「地」の中に建てられていたはずである。この史料に登場する人物は「浄光明寺敷地絵図」に登場する人物とすべて一致するので、彼らは、浄光明寺の「地」を借りて「宿所」を営み、そこに居住していたと考えるのが妥当な解釈であろう。[15]浄光明寺と彼らが主従関係にあった形跡はないし、相互の血縁関係も薄いことから、おそらくは彼らが地子を支払って浄光明寺の「地」を借り、そこに「宿所」を営んで居住していたと考えられる。つまり、絵図に描かれた浄光明寺の敷地は浄光明寺の「地」であり、そこに書き込まれた人名は、その「地」に「宿所」を持つ人物であって、おそらくは地子を浄光明寺に支払っていたと考えられるのである。

なお、「浄光明寺敷地絵図」と近隣の発掘調査の結果からは、武士が占有権を有する区画に庶民居住区が存在していた可能性が指摘されており、武士の居住地の一部が庶民に貸し出されていた状況が推測されている。[16]

さて、ここで先に示した二つの課題に対する解答を記しつつ、武士たちがなぜ浄光明寺周辺に土地を借りなければならなかったのかという問に答えてみよう。すなわち①浄光明寺と関係の薄い人物の宅地がなぜ浄光明寺周辺にあるのか、②宅地の周囲の小さな家と宅地の所有者の関係はいかなるものだったのか、の二点である。上述の「地」と「宿所」の関係をふまえれば、これらの課題には次のように答えることができる。

①浄光明寺と周辺に住む武士たちとの関係は、地子という借地料を支払うことで結ばれており、それは血縁関係ではなく、単なる貸借関係であった。また、彼らがそこに「宿所」を持ったのは、

おそらくは幕府に出仕するための控え室のような存在が必要だったからであろう。②武士の名前の記された土地の脇に描かれている小さな家は、その「地」を浄光明寺から借りている武士がさらに下層の人々に又貸ししていることを示している。また、武士の名前が書かれていない「地」に描かれた小さな家は、浄光明寺が直接地子を徴収している地域であった。以上のように結論づけると、「浄光明寺敷地絵図」「円覚寺境内絵図」および【史料二】・【史料三】がすべて整合的に解釈できる。

円覚寺も浄光明寺も、周囲の土地を武士や僧侶に貸し出しており、武士や僧侶たちはしばしばそれをさらに下層の人々に又貸しして地子を徴収していたのである。もちろん寺が直接地子を徴収する権利を持った土地もあったであろう。都市の土地は重層的な貸借関係によって所有されており、都市の寺院は周囲の土地を貸し出すことによって収益をあげていたのである。

三　鎌倉の地子と地主

これまでの検討の結果、都市の寺院は周囲の土地を貸し出して地子という借地料を得ていたことがわかった。管見の限り、鎌倉時代の鎌倉に関する史料で、「地子」という語が登場するのは次の史料に見える一度だけである。

【史料四】「沙弥行日（二階堂行久）譲状(17)」

譲渡　領地幷倉等事

一所　在二西御門一、入二奥地一

一所　濱倉半分

右、相二副証文一、所レ譲二渡向女房一也。兼又、鎌倉宿所乃倉納物事、与二名越女房両人一、各可レ被レ分二取半分一也。於二濱倉一者、同相二分半分一、可レ有二沙汰一。但、至二敷地一者、所レ令レ借二用他人之領一也。然者向後地主を相語らいて、毎年無二懈怠一、弁二其地子一、可レ被二領知一状如レ件。

文永三年（一二六六）六月十日　　　沙弥行日（二階堂行久）（花押）

この史料によれば、二階堂行久が持っていた鎌倉の西御門にある宿所の倉に納められた物は、向女房と名越女房の二人に半分ずつ譲与されることとなった。同じく鎌倉の浜にある倉についても二人に半分ずつ分け与えることとした。ただし、この浜にある倉の敷地は他人の領を借用しているので、地主と相談して毎年きちんと地子を支払う（弁《わきま》える）ようにと、二人の女房が命じられている。

つまり、二階堂行久が浜に持っていた倉は、建物や中身は本人の物であったが、敷地は「地主」に「地子」を支払って借りていたのである。この「地子」が、「敷地」を借りるいわゆる借地料を指す語であることは明らかであろう。一方で西御門の敷地と宿所はいずれも二階堂行久の所有物だったと考えられる。

それでは、ここで登場する「地主」とはどのような立場の人物だったのだろうか。それを考える際に興味深いのが次の【史料五】である。

【史料五】『吾妻鏡』建長二年（一二五〇）四月廿九日条

雑人訴訟事、諸国者可レ帯二在所地頭挙状一、鎌倉中者、就二地主吹挙一、可レ申二子細一、無二其儀者一、不レ可レ用二直訴一之由、今日被レ仰二遣問注所政所一、是為レ被レ禁二直訴之族一也、

これは鎌倉幕府が扱う訴訟を少しでも減らすために、まずは「雑人」による安易な幕府への直訴を減らすことを目的として発した法令である。ここでは、武士よりも下層の身分である「雑人」が訴訟を提起する際の規定が示されている。この史料によれば、「雑人」は、住む場所によって訴訟をおこす方法が異なっていた。諸国に住んでいた場合には、地頭の推薦状（挙状）が必要であり、鎌倉に住んでいる場合には、「地主」の推薦（推挙）が必要であった。法の意図としては、「雑人」による訴訟の手続きを明確にし、幕府法廷に持ち込まれる訴訟を少しでも減らすのが目的なのではあるが、ここで注目したいのは、鎌倉に住む「雑人」の推薦者が「地主」だったという点である。身分の低い「雑人」たちは、おそらく鎌倉に土地を持つことはできなかった

のであろう。したがって、「雑人」たちは「地主」から土地や建物を借りて住んでいたと考えられる。「浄光明寺敷地絵図」に見える小さな建物は、こうした「雑人」が住んでいた家であろう。

「地主」は、もちろん寺だけとは限らない。「浄光明寺敷地絵図」に見える、小さな家を伴った武士の屋地（「英比三郎右衛門入道跡」や「右馬権利助跡」）では、武士が小さな家に住む「雑人」から地子を徴収していたはずであり、この場合の「地主」は彼ら武士であろう。おそらくはその地子の一部がさらに浄光明寺に納められていた可能性が高い。一方で、小さな家が描かれていない武士の屋地（「高坂」、「刑部跡」、「土州跡」など）には、武士が宿所を建設し、家人・被官らをその屋地内に住まわせていたと考えられる。【史料三】傍線部（A）で、北条時益の屋地が火事に遭い、時益の家人である糟屋孫三郎入道をはじめとした人々の家が焼けているのは、主人の屋地に家人が住んでいる状況を如実に表している。

この場合には、家人からは地子をとっていないが、浄光明寺には地子を支払っていたと考えるのが妥当であろう。以上のように鎌倉では、本来の土地所有者が武士に土地を貸し出し、その武士がその土地を「雑人」らに又貸しして地子を得る場合と、その武士が実際にそこに家人とともに住む場合との、二通りの重層的土地所有があったと考えられるのである。

しかし、武士が家人に住まわせた家ではさらに所有の階層が増えることもあった。それを示すのが次の史料である。

【史料六】「宇都宮式条」（『中世法制史料集』）

一　鎌倉屋形以下地事

右、為二給人進止一、不レ可レ相二伝子孫一、縦当給人雖レ為二存日一、随二祗候躰一、可レ被レ充二行別人一。兼又、白拍子・遊女・仲人等輩、居二置彼地一事、一向可レ停二止之一

この史料は、北関東の有力武士団である宇都宮氏が、弘安年間（一二七八〜一二八八）に発した一連の法令の一部である。宇都宮氏は鎌倉に屋地を持っており、当時の勢力の大きさを考えれば、宇都宮氏自身が地主であったと考えられる。

この法令では、宇都宮氏がもつ鎌倉の屋地に家人（給人）が屋形を与えられており、それを子孫に相伝することが禁じられている。つまり、宇都宮氏の屋地に家人が住んでいたのである。そして史料の後半では、白拍子や遊女、仲人といった連中を屋地に招き入れて住まわせることも禁じられている。彼らを住まわせることに限って禁止しているということは、逆に言えば彼ら以外の人々ならば住まわせてもよかったということになるし、実際には彼らを住まわせていたからこそ禁止していたのであろう。

つまり、宇都宮氏の鎌倉の屋地に屋形を与えられた家人（給人）たちは、さらに下層の人々に屋形の一部を又貸しして、おそらくは地子を取っていた可能性が高いのである。これが認められるならば、宇都宮氏↓給人↓白拍子・遊女・仲人ら、という三階層がひとつの土地に権利を持っ

ていたことになる。こうした重層性こそが、都市鎌倉における土地所有の特徴的な在り方であろう。

おわりに

ここまで考察してきたことを、「浄光明寺敷地絵図」に沿って確認していこう。

まず「浄光明寺敷地絵図」は、寺周囲の地子徴収権の確保を意図した浄光明寺側で作成されたものであり、その一部は安堵されたものの、一部は上杉重能によって没収されていた。また、「今所望」という文字は、上杉重能によって一度は没収された浄光明寺の屋地が、改めて浄光明寺に安堵されていることを示していた。

絵図に描かれた屋地は、浄光明寺が本来の所有者であり、絵図に書き込まれた武士たちは地子を支払ってその屋地を借り受け、幕府への出仕のために必要な控え室として利用したり、その屋地内に家人を住まわせたり、さらに下層の人々に又貸ししたりしていた。又貸しする場合にはさらに地子が発生していたと考えられる。

また主人に屋形を与えられた家人たちも、主人の意に背いて下層の都市民に屋形を貸して地子を取っていた可能性もある。鎌倉という狭い都市における土地所有は、二層にも三層にも重ねられた権利関係によって結ばれており、その層の間には、借地料である地子が介在していたのである。

ちなみに中世ヨーロッパの都市では、人里離れた所に設立されたシトー会修道院が、その立地とは裏腹に都市に家屋（都市館）を得ていたことが分かっている。シトー会修道院の都市館は、十二世紀には修道院農場の生産物を販売する拠点として機能していたが、十三世紀中葉からは都市館が賃貸に出されることが多かったという。(18)

ヨーロッパとの比較はともかく、鎌倉について以上の考察が認められるならば、都市における寺院は、都市における地主でもあったことになる。

特に鎌倉の寺院は、鎌倉幕府滅亡後には遠隔地の所領の維持が困難となり、収入が減少したはずだが、南北朝・室町期に鎌倉公方が健在であれば、鎌倉の持つ求心力は大きく変わらなかったと考えられる。

所領からの収入が途絶えても、鎌倉公方に出仕する武士たちに屋地を提供し、その対価として地子を得ていれば、それなりの収入があったであろう。これは、単独で門前町や寺内という都市を構成する寺院とは異なる、都市的な寺院の在り方といえる。都市鎌倉における寺院は、地子という借地料を徴収する地主でもあったのである。

注

（1）鈴木亘「建築的観点から考察した「絵図」」（大三輪龍彦編『浄光明寺敷地絵図絵の研究』新

人物往来社、二〇〇五年）。

（2）大三輪龍彦「絵図が伝える浄光明寺の景観」、石井進「「浄光明寺敷地絵図」に記された人物は誰か」、前掲注（1）鈴木論文（いずれも所収は大三輪龍彦編『浄光明寺敷地絵図の研究』新人物往来社、二〇〇五年。以下では『敷地絵図』と略記する）。

（3）前掲注（2）石井論文。

（4）松尾剛次『中世都市鎌倉の風景』（吉川弘文館、一九九三年）。

（5）『相州文書』所収鎌倉郡覚園寺文書（『神奈川県史』「史料編」四二四八号文書）。

（6）前掲注（2）大三輪論文。

（7）絵図作成の詳細については、戸田さゆり「「円覚寺境内絵図」の文字記載に関する一考察」（『文化財学雑誌』六、二〇一〇年）が詳しい。

（8）薩摩掃部田大夫入道と絵図の作成時期については前掲注（4）松尾書参照。

（9）この絵図の作成過程については、前掲注（7）戸田論文も参照願いたい。

（10）前掲注（4）松尾書。

（11）「年未詳崇顕（金沢貞顕）書状」（金沢文庫古文書）『神奈川県史』二八一三号文書）。

（12）前掲注（2）石井論文。

（13）同右。

（14）「宿所」については、松吉大樹「中世都市鎌倉の宿所について――文献と考古の事例から――」（『かまくら考古』二九、二〇一六年）がある。参照されたい。

（15）前掲注（3）石井論文。

（16）鈴木弘太「『浄光明寺敷地絵図』からみる鎌倉の「町屋」――「町屋」管理の一様相をめぐって――」（『文化財学雑誌』四、二〇〇八年）。

（17）「沙弥行日（二階堂行久）譲状」（二階堂文書『神奈川県史』五二九号）。

（18）平伊左雄「シトー会修道院の都市館と教会――ヒンメロート修道院の事例から――」（『比較都市史研究』二四―二、二〇〇五年）。

第四章　北条政子の居所とその政治的立場

はじめに

かつて拙稿「都市鎌倉における北条氏の邸宅と寺院」(1)（以下では前稿と略記）において、鎌倉時代の得宗を中心とした北条一族の邸宅の所在地を比定し(2)、得宗の邸宅と将軍御所の関係から、北条氏と将軍権力のあり方を考察した。これにより、どこに居住するのかが、邸宅の主の政治的な立場を反映することが示せたものと考えている。

前稿では北条一族の邸宅を扱ったが、源頼朝の妻である北条政子の居所については検討することができなかった。すでに貫達人氏の研究(3)で政子の居所についての言及はあるが、それほど踏み込んだ記述は見られない。政子に関する著書も多く刊行されているが(4)、居所とその立場とを関連させたものは少ないようである。

そこで本章では、北条政子の居所を確認しつつ、政子の居所とその政治的立場について考察していく。これは、本書の序章で、高橋慎一朗氏の示した課題の一つである「武士の邸宅の所在地に関する研究」に関わる考察である。なお、以下で年月日のみの記述は、すべて『吾妻鏡』を論拠としている。登場人物については左記の系図を参照ねがいたい。

図10　北条政子関係系図

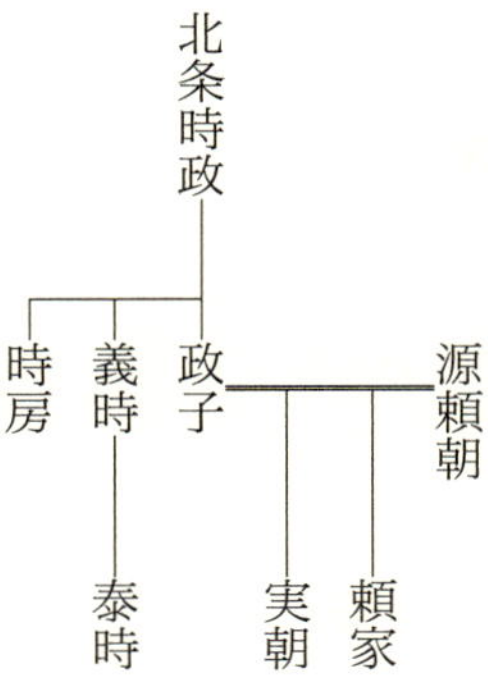

第一節　源頼朝・頼家期

一　源頼朝在世期

ここでは、源頼朝在世期における政子の居所について検討する。この頃の政子は『吾妻鏡』では「御台所《みだいどころ》」と表記されている。

源頼朝の挙兵後に、「走湯山文陽房覚淵之坊[5]」に寄宿していた政子は、その後、秋戸（阿岐戸）

郷へ移り、(6) 稲瀬川辺りの民居から日次を調整して鎌倉に入った。鎌倉では頼朝の社寺参詣などに同道することが多く、特に文治元年（一一八五）十月二十四日におこなわれた勝長寿院供養では、堂の左右に仮屋が構えられ、左には頼朝が、右には政子らが座していたという。

一方で、政子が単独で寺社を訪れる場合もあった。たとえば文治二年（一一八六）十二月六日条では、政子が鶴岡に参詣して神楽がおこなわれ、政子は巫女らに禄を給わったという。また文治三年（一一八七）五月五日条では「鶴岡神事也、御台所御参云々」とあり、おそらく政子が一人で鶴岡の神事に参加したことが分かる。しかしこれらのことからは、政子が頼朝とは別の場所に住んでいたとまでは言えない。

むしろ政子は、頼朝の在世期には基本的に頼朝のいた大倉御所に住んでいたようである。それを示すのが以下の史料である。

【史料一】『吾妻鏡』寿永元年（一一八二）七月十二日条
御台所（政子）依二御産気一、渡二御比企谷殿一、被レ用二御輿一、是兼日被レ点二其所一云々、

【史料二】『吾妻鏡』寿永元年（一一八二）十月十七日条
御台所（政子）幷若公、自二御産所一入二御営中一

【史料一】では政子は産所として「比企谷殿」へと移り、【史料二】では無事に出産した後に

「営中」へ戻ったという。出産後には自分の居所にもどるのが一般的であるから、「営中」すなわち頼朝のいる大倉御所が、政子の居所であったと考えられる。

政子が次に出産を控えた折には、次のような史料が残されている。

【史料三】『吾妻鏡』建久三年（一一九二）七月十八日条（〈 〉は割注を示す。以下同）

御台所《（政子）》渡二御于名越御館一〈号二浜御所一〉、被レ点二御産所一也云々、

【史料四】『吾妻鏡』建久三年（一一九二）十月十九日条

御台所《（政子）》幷新誕若公、自二名越浜御所一入二御幕府一、

【史料三】では政子は出産のために「浜御所」とも呼ばれる「名越御館」へと移り、その後、【史料四】によって新誕若公（のちの実朝）とともに「名越浜御所」から「幕府」へ入っていることが分かる。ここでも、政子の帰るべき場所は「幕府」すなわち頼朝のいる大倉御所であることは明らかであろう。

なお、ここで登場する「浜御所」は、現在の大町にある安養院ではないかと推定ができる。安養院は、政子が源頼朝の冥福を祈って建てた笹目（佐々目）の長楽寺が移転してきたものと伝えられている。移転の際に、政子とゆかりのある場所を選んだとしても不自然ではあるまい。

建久五年（一一九四）には、正月廿九日に二所詣から鎌倉に戻った政子が、二月六日に弟の北

条義時の邸宅である「江馬殿亭」に入ると、十八日には、大倉観音堂を参詣した頼朝が帰り道に「江間殿亭」に渡っている事例が見られる。頼朝はこのとき、二所詣から戻ってきてまだ顔を合わせていない、政子に会いに行ったのではないだろうか。この後に政子がどのように移動したのかをたどることはできないが、同年七月八日には頼朝とともに鶴岡八幡宮に参詣しているので、それまでに大倉御所に頼朝とともに戻っていたと推定できる。

　このほかにも、政子が頼朝の大倉御所郭内に住んでいたことを示す、次のような史料がある。

【史料五】『吾妻鏡』建久六年（一一九五）七月九日条

　御台所（政子）渡二御比企右衛門尉能員之家一、是依二稲毛女房他界御軽服一也、

【史料六】『吾妻鏡』建久六年（一一九五）八月十七日条

　御台所（政子）令レ帰二営中一給、依二御軽服一、神事之間、日来御二坐他所一云々、

【史料五】では、稲毛女房が他界した軽服のために比企《ひき》能員《よしかず》の家に政子が渡っている。【史料六】では、政子が「営中」に帰ったことが記されている。この「営中」も、やはり頼朝のいる大倉御所と考えるべきであろう。

　「営中」や「幕府」といった表現が、本来は出征中の将軍の陣営を指す語であることからすれば、これらが政子個人の居所を表しているのではなく、頼朝の御所を示す語であることは確実で

ある。したがって、源頼朝の在世中に政子が原則として帰るべき場所は、「宮中」や「幕府」とよばれるような、頼朝の住む大倉御所の郭内であったと考えられよう。

二　頼家将軍期

頼朝の死後に出家した政子は、『吾妻鏡』では「尼御台所《あまのみだいどころ》」と表記されるようになる。ここでは、頼朝の死後に源頼家が将軍となった頃の政子の居所について考察する。

『吾妻鏡』建仁二年（一二〇二）六月廿五日条では、政子が頼家の御所に渡っていることが記されており、翌廿六日条には政子が頼家の御所から帰ってきたとある。頼家の御所に入御し翌日に帰宅している政子は、頼家の御所ではない建物に住んでいたことが分かる。

しかし、以下の史料からは、別の建物ではあっても、頼家と政子が同じ郭内に住んでいたのではないかと推測することができる。

【史料七】『吾妻鏡』正治元年（一一九九）八月十九日条（傍線は筆者による。以下同じ）

有二讒佞之一族、依二妾女事一、景盛貽二怨恨一之由訴二申之一、仍召二聚小笠原弥太郎、和田三郎、比企三郎、中野五郎、細野四郎已下軍士等於石御壺一、可レ誅二景盛一之由有二沙汰一、及レ晩、小笠原揚レ旗、赴二藤九郎入道蓮西之甘縄宅一、至二此時一、鎌倉中壮士等争レ鉾競集、依レ之尼御台所（政子）俄以渡二御于盛長宅一、以二行光一為二御使一、被レ申二羽林一云、幕下薨御之後、不レ歴二幾程一、姫君又早世、悲歎非レ一之処、今被レ好二闘戦一、是乱世之源也、就レ中景盛有二其寄一、先人殊令二憐愍一給、令レ聞二罪科一給者、我早可二尋成敗一、不二事問一、被レ加二誅戮一者、定令レ招二後悔一給歟、若猶可レ被二追罰一者、我先可レ中二其箭一云々、然間、乍レ渋被レ止二軍兵発向一畢、

【史料八】『吾妻鏡』正治元年（一一九九）八月廿日条

尼御台所（政子）御二逗-留于盛長入道宅一、召二景盛一、被レ仰云、昨日加二計議一、一旦雖レ止二羽林之張行一、我已老耄也、難レ抑二後昆之宿意一、汝不レ存二野心一之由、可レ献二起請文於羽林一、然者即任二御旨一捧レ之、尼御台所還御、令レ献二彼状於羽林一給、擬レ被レ誅二景盛一、楚忽之至、不義甚也、

【史料七】は、頼家が安達景盛《あだちかげもり》の愛妾に思いを寄せるあまり、景盛を討とうとした時の記事である。傍線部にあるように、これを聞いた政子は、機先を制して自ら安達亭に乗り込み、そこから二階堂行光を使者に立てて頼家を説得しようとしている。【史料八】では、頼家に対して二心がないという起請文を、政子が安達景盛に書かせている。その起請文を携えた政子は「還御」（帰宅）し、それを見せて頼家をたしなめたのである。

ここで注目すべきは、政子が還御した先に頼家がいたことである。すでに指摘したように、政子は頼家の御所に入御していた。しかし、【史料八】では政子が頼家の御所に還御しているので

ある。この二つのできごとを整合的に理解するためには、政子と頼家が同じ郭内にある別の建物に住んでいたと考えるほかあるまい。比企氏の乱の際に、頼家が比企能員を病床に招いて北条時政を追討する相談をしたことを、障子を隔てて政子が聞いたというエピソード(7)も、その真偽はともかく、政子と頼家の居所が同じ郭内にあったことを前提としたものであろう。

比企氏の乱の折、政子も参加する薬師如来像供養と称して、北条時政は比企能員を名越《なごえ》にある自邸に丸腰でおびき出すことに成功した(8)。能員が油断した背景には、政子が参加する仏事に物々しく参上するわけにはいかないという理由もあったと考えられる。

比企氏の乱後に政子がどこにいたのかを示すのが次の史料である。

【史料九】『吾妻鏡』建仁三年（一二〇三）九月六日条

江馬殿折節被レ候二大御所一〈幕下将軍御遺跡、当時尼御台所（政子）御坐〉

ここでは、北条義時（江間殿）が出仕した「大御所」が源頼朝（幕下将軍）の遺跡であり、当時は政子が居所としていたことが記されている。「大御所」という表現からすると、それは頼朝がかつて住んだ御所内にいくつかあった建物のひとつだと考えられる。政子はここに住んでおり、息子の頼家は同じ郭内の別の建物に住んでいたのであろう。つまり、頼家将軍期において政子は、頼朝没後から大倉御所郭内にある「大御所」に住んでいたと考えられるのである。

そしておそらく頼家は、のちに東御所とよばれる、大倉御所内東側の邸宅に住んでいたのであろう。

第二節　源実朝期

一　実朝将軍期

つづいて源実朝の将軍在任期における政子の居所について検討する。

将軍となった時の実朝はまだ八歳の幼年だったので、政子が後見役となっていた。元久二年（一二〇五）七月八日には、「将軍家御幼稚」という理由で、政子の計らいによって、勲功の輩に畠山重忠与党の所領の配分がおこなわれている。その一ヶ月後の八月七日には、宇都宮頼綱が鎌倉に兵を進めているとの噂がたち、北条義時や大江広元は政子の邸宅に集まって評議をしている。このことからも、政子が幼い実朝の後見役であったことは明らかであろう。

その政子と実朝の邸宅の関係を示唆するのが以下の史料である。

【史料十】『吾妻鏡』元久元年（一二〇四）三月十五日条

於㆓幕府㆒、被㆑始㆓天台止観談議㆒、尼御台所（政子）為㆓御聴聞㆒、渡㆓御将軍御方㆒云々、

【史料十一】『吾妻鏡』元久二年（一二〇五）正月四日条

将軍家渡二御尼御台所（政子）御方一、有二御引出物一等云々、

【史料十二】『吾妻鏡』建永元年（一二〇六）六月十六日条

左金吾将軍若君〈善哉公〉、自二若宮別当坊一、渡二御于尼御台所（政子）御亭一、有二御着袴之儀一、将軍家入二御彼御方一、相州御息等被レ候二陪膳一、

【史料十】では政子が将軍実朝の御方へ、【史料十一】【史料十二】では逆に実朝が政子の御方へ渡っていることが分かる。したがって両者が別の建物に住んでいたことは明らかである。それではこの建物は、具体的にはどこにあったのであろうか。

この頃の政子の居所は、『吾妻鏡』で「東御所」などと表記されることがある。「東御所」について貫達人氏[9]は、建保年間のものは「幕府の郭外で、東方の近く」にあり、九条頼経下向後は義時の大倉亭が東御所ではないかと推測しているが、別の邸宅に同じ名称を用いるとは考えにくいので、ここでは「東御所」を同一の建物として扱う。

建保元年（一二一三）五月に起きた和田合戦の折、和田方の不穏な動きを知ると、政子らは、『吾妻鏡』同年五月二日条に「尼御台所（政子）幷御台所等去二営中一出二北御門一、渡二御鶴岡別当坊一云々」とあるように、御所の北御門から「営中」を出ている。これを信じれば、政子はこの時、「営中」すなわち大倉御所内にいたことになる。

翌三日になると、和田一族の軍勢は御所の南庭に乱入して守備していた御家人らを攻めて御所に火を放ち、「郭内室屋、不レ残二一宇一焼亡」となったため、実朝は頼朝の法華堂に逃れたという。

このときに郭内の建物がすべて焼けてしまっているのに、翌四日条には「東御所」が登場する。貫達人氏はここに注目して立論している。御所郭内の建物がすべて焼けた翌日に「東御所」が使用されているのだから、「東御所」は、大倉御所の郭内にあったとは考えられないというのである。

しかし、和田合戦にまつわる『吾妻鏡』の記事を厳密な部分まで信用するには、慎重さが求められる。

すでに指摘されているように、『吾妻鏡』における和田合戦の記述は、京都にいた藤原定家の日記である『明月記』を利用したものが多い[10]。『明月記』建保元年(一二一三)五月九日条[11]には、和田合戦の戦火で被害を受けた将軍御所は「悉焼二城郭一、室屋不レ無二残破一」と記されており、大江広元の邸宅に対しても「即放レ火焼二其城郭一、室屋不レ残二一宇二」と記されている。『明月記』におけるいずれかの表現が利用されたため、『吾妻鏡』では御所に対して「郭内室屋、不レ残二一宇一焼亡」と記された可能性が高い。

『明月記』の記事は鎌倉からの伝聞を記した二次情報であり、事の重大さを示すための誇張でもあると考えられる。この『吾妻鏡』の記事を根拠に、将軍御所郭内のすべての建物が焼亡したと断定することはできないであろう。したがって貫氏の説も、再考しなければなるまい。

和田合戦後の「東御所」については以下の史料がある。

【史料十三】『吾妻鏡』建保元年（一二一三）五月四日条

将軍家《源実朝》自二法花堂一入二御于東御所一〈尼御台所《政子》御第〉、其後於二西御門一〈曳レ幕〉両日合戦之間、被レ疵軍士等被レ召二聚之一、被レ加二実検一

【史料十四】『吾妻鏡』建保元年（一二一三）八月一日条

将軍家《源実朝》、御所作事之間、有二御方違一、渡二御東殿一〈尼御台所《政子》御第〉、依レ為二御本所一也、相州、大官令等被レ参云々、

【史料十三】では、法華堂に逃れていた実朝（将軍家）が政子の邸宅である「東御所」に移動し、さらに西御門において首実検をおこなっている。【史料十四】では、御所作事の方違のために実朝が政子の「東殿」に渡っている。この「東殿」は「東御所」と同じものであろう。これらの史料だけでは、政子のいた東御所（東殿）という建物がどこにあったのか特定することは難しい。そこで、やや時期をさかのぼって関連する語句を検討しつつ、次節では「東御所」の所在地を推定したい。

二　「東御所」考

実は政子の居所を『吾妻鏡』で「御所」とよぶ例はきわめてまれである。実朝没後に、政子が勝長寿院内に建てた邸宅が「御堂御所」と記されているが、(12) これは将軍不在期に政子が実質的な将軍のような立場にあったからだと考えられる。これを除けば、『吾妻鏡』における政子の居所には、ほとんどが「御方」や「御亭」といった表現が用いられている。

一方で、『吾妻鏡』の鎌倉における「御所」という表現は、原則として将軍やその子息の居所に対してしか利用されていない。(13) したがって「東御所」も、本来は将軍の御所に関連する建物を指す語だった可能性が高い。

その可能性をふまえ、「〇〇御所」の用例を『吾妻鏡』から探ってみると、「小御所」や、「北向御所」、「東小御所」、「東北御所」、あるいはすでに示した【史料九】に登場する「大御所」などといった語が浮かび上がってくる。以下ではこれらを順に検討したい。

【史料十五】『吾妻鏡』治承五年（一一八一）五月廿三日条

廿三日戊戌、御亭之傍、可レ被レ建二姫君御方幷御厩一、且土用以前、為レ被レ始二作事一、不レ論二庄公別納之地一、今明日内可レ召二進工匠一之旨、被レ仰二遣安房国在庁等之中一云々、昌寛奉二行一之、

【史料十六】『吾妻鏡』治承五年（一一八一）五月廿四日条

廿四日己亥、被レ曳二小御所御厩等之地一、景能、景時、昌寛等奉二行一レ之、御家人等面々召二進疋夫一、

【史料十七】『吾妻鏡』建久五年（一一九四）八月十四日条

右兵衛督高能朝臣自二京都一下着、是将軍家御外甥也、則被レ参二幕府一、有二御対面一云々、旅館不レ及二他所一、坐二小御所一云々

【史料十八】『吾妻鏡』正治元年（一一九九）七月廿六日条

入レ夜、召二件好女一〈景盛妾〉於二北向御所一〈石壺在二北方一也〉自今以後、可レ候二此所一云々、是御寵愛甚故也

【史料十九】『吾妻鏡』建仁元年（一二〇一）十二月三日条

中務入道経蓮参二御所一、申下近日可二帰洛一之由上、能員為二申次一、参二東小御所一、相二具子息高重一、左金吾対面給、所レ被二収公一之所領内、先可レ返二給一所一

【史料二十】『吾妻鏡』建仁二年（一二〇二）六月廿五日条

尼御台所入二御左金吾御所一、是御鞠会雖レ為二連日事一、依レ未レ覧二行景已下上足一也、此会適可レ為二千載一遇一之間、上下入レ興、（中略）事訖、於二東北御所一有二勧盃一、及二数巡一、召二舞女微妙一、有二舞曲一、

【史料九】（再掲）『吾妻鏡』建仁三年（一二〇三）九月六日条

江馬殿折節被ㇾ候㆓大御所㆒〈幕下将軍御遺跡、当時尼御台所御坐〉

【史料十五】では、頼朝の娘のために、頼朝の「御亭之傍」に建物と厩が建てられることが決められた。翌日の【史料十六】では、新たな御亭は「小御所」と標記されている。頼朝の御亭の傍なのだから、「小御所」は大倉御所の郭内に新造されたと解釈できる。

【史料十七】では、京都から鎌倉にやってきた高能朝臣《たかよしあそん》が、幕府にて頼朝（将軍家）と対面したのち、他所には宿泊せず「小御所」にとどまったというから、「小御所」は幕府内すなわち大倉御所郭内にあったと判断できる。

次の【史料十八】では、頼家が思いを寄せる安達景盛の愛妾を「北向御所」に囲い込んだとある。この御所は「石壺在㆓北方㆒」と記されているから、大倉御所内の石壺の北にあり、そのために「北向御所」と呼ばれたのであろう。したがってこの御所も、大倉御所の郭内にあった可能性が高い。

【史料十九】では、御所に参上した「中務《なかつかさ》入道《にゅうどう》経蓮《きょうれん》」が「東小御所」に参り、源頼家（左金吾）と対面したと記されている。わざわざ頼家が大倉御所の郭外に出て行ったとは想定しがたいうえに、先述した「小御所」は幕府郭内にあったと推定されることから、近い名称をもつ「東小御所」も、大倉御所郭内の東方の建物と考えるのが妥当であろう。

つづく【史料二十】では、政子が頼家の蹴鞠を見物に頼家の「御所」に入り、蹴鞠の後には「東北御所」[14]で勧盃がおこなわれたと記されている。御所の蹴鞠の直後に勧盃がおこなわれているこの「東北御所」もやはり、大倉御所の郭内にあったと考えられる。【史料九】に登場する「大御所」は、頼朝（幕下将軍）の遺跡であったというから、これも大倉御所郭内と考えるべきであろう。

以上のように、「〇〇御所」と記される建物は、いずれも大倉御所郭内にあった可能性[15]が高い。したがって「東御所」も、もともと大倉御所郭内にあった建物に、いつの頃からか政子が住むようになったものだと考えられる。[16]頼家将軍期には政子が大倉御所郭内の「大御所」に住んでおり、実朝将軍期になると、政子は大倉御所郭内の「東御所」に住んでいたのであろう。貫達人氏の論拠となっている、和田合戦で大倉御所の「郭内室屋、不レ残二一宇一焼亡」という記事はよくある定型句で、伝聞で書かれた『明月記』の表現を利用したものであり、信憑性が低いと考えるほかあるまい。

第三節　源実朝没後

一　若公亭同宿

承久元年（一二一九）に実朝が死去すると、政子が実質的な将軍の役割を果たすことになった。

ここでは実朝暗殺後の時期における政子の居所について検討する。この頃の政子は、『吾妻鏡』では「禅定二品《ぜんじょうにほん》」「禅定二位家《ぜんじょうにいけ》」「二品《にほん》」「二位家《にいけ》」などと表記されている。

【史料二十一】『吾妻鏡』承久元年（一二一九）三月九日条

仙洞御使忠綱朝臣参二禅定二品（政子）御亭一〈右府（源実朝）御旧跡〉、右府薨御事、叡慮殊御歎息之由、依レ被二仰下一也

【史料二十二】『吾妻鏡』承久元年（一二一九）三月十二日条

右京兆、相州、駿州、前大膳大夫入道参二会于二品（政子）御亭一、以二忠綱朝臣一被二仰下一条々、追可二上啓一之由被レ申二御返事一畢、急速無二左右一者、定背二天気一歟之由、有二評議一云々、

【史料二十一】にあるように、この頃の政子は、実朝（右府）の「旧跡」に居住していた。そして【史料二十二】にあるように、北条義時（右京兆）、北条時房（相州）、北条泰時（駿州）、大江広元（前大膳大夫入道）ら幕府首脳がそこに集まって評議している。このことから、政子の邸宅は、御所に準じるような幕府政治の中心的な建物であったことが分かる。

京都から鎌倉に迎えられた、後の将軍の頼経（若君）は「右《う》京《きょう》 権大夫《ごんのたいふ》義時《よしとき》朝臣《あそん》大倉亭〈郭内南方、此間構二新造屋一〉」(17)とあるように、北条義時の大倉亭郭内南方にある建物に入る。しかし若公は幼稚のため、実際の政務は政子がとりおこなう(18)という状態で、政子が実質的な将軍であった。

その後の政子の居所を示してくれるのが以下の史料である。

【史料二十三】『吾妻鏡』承久元年（一二一九）十二月廿四日条

子剋、故右府将軍亭〈当時二品《(政子)》居所〉焼亡、失火云々、仍二品《(政子)》俄渡二若公亭一同宿云々、

【史料二十四】『吾妻鏡』貞応二年（一二二三）二月廿七日条

二位家《(政子)》点二勝長寿院奥地一、依レ可レ被レ建二立伽藍幷御亭一、今日於二彼御亭一、有二日時定一、（中略）件地者、自二当御居所一当二南方一也、

【史料二十三】にあるように、政子は実朝（右府将軍）がかつて住んでいた邸宅に住んでいたが、火事によってそこが焼けると、政子は義時大倉亭郭内の南方にある若公（後の頼経）の邸宅に同宿するようになったという。政子が扶持した若君の着袴《ちゃくこ》の儀式も「大倉亭南面」(19)でおこなわれているので、しばらく政子は若公と同宿していたようである。

【史料二十四】の頃になると、政子は勝長寿院奥地に伽藍と邸宅の建立を計画しており、その位置は、当時の居所から南方に当たるとのことであった。義時大倉亭郭内南方は勝長寿院から見てほぼ北に当たるから、おそらく政子はそこで若君との同宿を続けていたのであろう。

以上をまとめると、実朝の死後に政子は大倉御所郭内にあった実朝の旧跡に入り、そこが火事で焼けてしまってからは、義時大倉亭郭内南方の邸宅にいた若君と同宿していたということになる。

二　御堂御所

その後、以下の史料にあるように政子は、「御堂御所」と呼ばれる御所を造営している。

【史料二十五】『吾妻鏡』貞応二年（一二二三）七月廿六日条

二位家《政子》新造御亭〈号二御堂御所一〉御移徙也

【史料二十六】『吾妻鏡』元仁元年（一二二四）正月四日条

二品《政子》為下令レ方二違南方一給上、被レ召二隠岐入道行西二階堂家於本所一、行西申二領状一云々、

【史料二十七】『吾妻鏡』元仁元年（一二二四）正月五日条

二品《政子》御方違本所事、自二隠岐入道家一、勝長寿院奥殿当二南方一之由、陰陽師等依レ令レ申、改レ之以二大倉泉御亭一、被レ定二本所一云々、

勝長寿院奥地に伽藍と邸宅が完成すると、【史料二十五】にあるように政子はその「御堂御所」[20]へと移った。その後、【史料二十六】にあるように方違のために二階堂行村の二階堂家をいったんは本所と決めている。[21]本所とは、方違などの際に方位の計測の起点となる邸宅のことである。【史料二十七】では、やはり方角が悪いので本所を「大倉泉亭」[22]に改めている。

「御所」の語を用いていないので、「大倉泉亭」は大倉御所郭内にあったとは考えにくい。【史料二十六】で方違をするために講じた措置が、【史料二十七】では方角を計り直したことによっ

て改められていることから、結局は方違のための本所の移動をおこなう必要がなくなったと考えれば、この「大倉泉亭」は、「御堂御所」が完成する前に政子が住んでいた、義時大倉亭郭内の邸宅である可能性が高い。したがって政子は、義時大倉亭郭内の邸宅を本所にしたと推定できる。政子が「御堂御所」を建立させた後、北条義時がこの世を去って鎌倉がにわかに騒がしくなった。京都から鎌倉に戻った北条泰時は、政子のもとを訪れ、時房とともに幕政にあたるようにという政子の仰せを得ている[23]。その後、伊賀氏一族の不穏な動きを察知した政子は、ここでも機先を制して三浦義村宅をひそかに訪れ[24]、事態の収拾に努めている。

さらには、若君を抱えて泰時の邸宅に入り、三浦義村を泰時亭に呼び出し、義村が伊賀氏に荷担するのを防いでいる[25]。

この騒動の後、次の史料にあるように、政子はしばらく泰時の邸宅にいたようである。

【史料二十八】『吾妻鏡』元仁元年（一二二四）閏七月三日条

於二二品（政子）御前一、世上事及二御沙汰一、相州被レ参、又前大膳大夫入道覚阿扶二老病一応レ召、関左近大夫将監実忠注二記録一云々、

【史料二十九】『吾妻鏡』元仁元年（一二二四）閏七月廿八日条

天変御祈、三万六千神、天地災変等祭結願、左近将監佐房為二御使一、是依二二品（政子）仰一、去廿六日始行云々、今日、若君幷相州等令レ帰二本所一給云々、

【史料二十八】では、政子の御前で世上のことが沙汰されており、そこには北条時房（相州）と大江広元（覚阿）がやってきていた。関実忠がその内容を記録したという。参上した人物に泰時（武州）が含まれていないことと、記録した関実忠が泰時亭の郭内に邸宅をもつ泰時の被官[26]であるらしいことの二点から、この沙汰は泰時亭でおこなわれたと推定できる。

また【史料二十九】では、天変御祈がおこなわれた後、若君と時房（相州）が本所に帰っているのに対して、泰時（武州）は帰っていない。おそらくこの時の天変御祈は政子の意志をうけて泰時亭でおこなわれたため、泰時は本所に帰る必要がなかったのであろう。

以上のことから、政子はこの頃、泰時の邸宅にしばらく滞在していたと考えられる。京都から鎌倉に戻った泰時の立場が不安定であったため、泰時の後ろ盾となるべく、政子は泰時亭に滞在したのであろう。

それから一年もしない嘉禄元年（一二二五）五月廿九日に、政子は病に倒れる。この頃の政子の居所に関して、以下のような史料がある。

【史料三十】『吾妻鏡』嘉禄元年（一二二五）六月十六日条

二品（政子）御絶入、諸人成レ群、然而即令二復本一御、遂レ日増気之間、昨〈十五日〉可下令レ移二于新御所一給上之由、被レ仰之処、甲辰日有レ憚之、可レ為二来廿一日一之由、陰陽師勘申、仍延引畢、

【史料三十一】『吾妻鏡』嘉禄元年（一二二五）六月廿一日条

廿一日庚戌、霽、二品《（政子）》渡二御新御所一之事、兼被レ点二今日一訖、然戌日有レ憚之由、医師行蓮依レ令レ申而隠岐入道為二奉行一、召二国道朝臣以下陰陽師六人一、（中略）彼輩申云、四不出日者、出行忌レ之、今御移徙之儀也、不レ可レ有レ憚云々、仍治定畢、

【史料三十二】『吾妻鏡』嘉禄元年（一二二五）七月八日条

二品《（政子）》東御所令二渡御一給、是御違例既危急之故也、

【史料三十三】『吾妻鏡』嘉禄元年（一二二五）七月十一日条

丑刻、二位家《（政子）》薨、御年六十九、是前大将軍後室、二代将軍母儀也、

【史料三十四】『吾妻鏡』嘉禄元年（一二二五）七月十二日条

寅刻、二品《（政子）》家御事有二披露一、出家男女済々焉、民部大夫行盛最前遂二素懐一畢、戌刻、於二御堂御所之地一而奉二火葬一、御葬事者、前陰陽助親職朝臣令二沙汰一、但自身不参、差二進門生宗大夫有秀一云々、

【史料三十】にあるように、一旦意識を失ったものの回復した政子は、「新御所」に移ることを望んだが憚りのために延期された。【史料三十一】で「新御所」へ移ることが決まったが、【史料三十二】に「御違例既危急之故」とあるように容体が急変したため「東御所」に渡ったという。その三日後に政子はこの世を去った。【史料三十四】が示すように、勝長寿院内の「御堂御所」

で火葬されたという。

　ここで問題となるのは、「新御所」「東御所」「御堂御所」の関係である。すでに指摘したように、「東御所」は、実朝将軍期に政子が住んでいた大倉御所郭内の建物である。「御堂御所」は【史料二十五】に示したように、勝長寿院内に政子が建てた邸宅であった。

　残るのは「新御所」である。これ以前に若君御亭の新造が話題となっているが(27)、これを御所と表現したとは考えにくいうえに、実際に新造がおこなわれ記事は『吾妻鏡』には登場しない。むしろ以下に示した史料に登場する「新御所」の方が、政子が死の間際に渡ることを望む場所としてふさわしい。

【史料三十五】『吾妻鏡』貞応二年（一二二三）八月廿七日条
二位家《政子》新御所御持仏堂〈号㆓廊御堂㆒〉造畢之間、被㆑奉㆑安㆓置本尊㆒〈雲慶作〉、是右大臣家御平生之時御本尊也、即今日被㆑遂㆓供養㆒、導師内大臣僧都親慶、

　ここでは政子が「新御所」に持仏堂を建てたことが記されている。これは【史料二十五】で同年七月に移徙している「御堂御所」に建てられた持仏堂だと考えられる。したがって「新御所」とは、「御堂御所」の別名だと推定できる。大倉御所に対して新たに造営した御所という意味で、「新御所」とも呼ばれたのであろう。

【史料三十】では病気になってから「新御所」へ渡ることを希望しているので、それまで政子は別の場所にいたはずである。その場所を示唆するのが次の史料である。

【史料三十六】『吾妻鏡』嘉禄元年（一二二五）七月廿三日条

相州移二住京兆《（義時）》御旧跡一給〈二品《（政子）》御居所也〉

ここでは、政子の死の十日あまり後に、時房（相州）が最近まで政子（二品）の住んでいた義時（京兆）の旧跡に移住していることが記されている。政子と義時の二人が住んだことのある邸宅は義時大倉亭しかないので、この時に時房が義時大倉亭に移住したのは明らかである。「日来二品《（政子）》御居所」とあることから、政子は「東御所」に渡る直前までこの義時大倉亭郭内に住んでいたと判断できる。政子は「御堂御所」造営後も、義時大倉亭すなわち「大倉泉亭」郭内で若君と同宿することがあったのであろう。

ここで一度、政子の居所をまとめよう。貞応二年（一二二三）七月に勝長寿院内に「新御所」すなわち「御堂御所」が完成すると政子はそこに移ったが、本所は「大倉泉亭」すなわち義時大倉亭郭内に定めていた。義時の死後は、不安定な立場にある泰時の邸宅にしばらく滞在している。嘉禄元年（一二二五）に義時大倉亭郭内で病を得ると「新御所」すなわち「御堂御所」に移ることを望み、容体の急変によって「東御所」へ渡って、そこでこの世を去った。

おわりに

ここまで『吾妻鏡』をもとに鎌倉における北条政子の居所について検討してきた。その結果を時系列に沿って示すと、大倉御所郭内→大御所→東御所→実朝旧跡→義時大倉亭郭内南方（大倉泉亭）→御堂御所（新御所）のようになる。これらの成果をもとに、政子の政治的立場について考察し、むすびとしたい。

源頼朝の在世期には、政子は基本的に大倉御所郭内に住んでいた。もちろんこれは、将軍の妻である政子の立場を反映したものと考えられる。頼朝が没して頼家が将軍となると、大倉御所郭内の「大御所」に住む。そして頼家が失脚して実朝が将軍となると、同じく大倉御所郭内の「東御所」に居住していた。頼朝の後家としての役割を果たすためにも、そして息子たちを支えるためにも、政子は大倉御所郭内にいる必要があったのであろう。

実朝の暗殺直後は、実朝の旧跡である大倉御所郭内の建物に住んでいた。京都から若君（のちの将軍の頼経）が鎌倉に下向してきた後、実朝の旧跡が火事で焼けると、北条義時大倉亭郭内南方で若君と同宿している。当時の実質的な将軍として、次の将軍と同じ郭内に居住する必要があったのだと考えられる。

その後、政子は勝長寿院内に「新御所」すなわち「御堂御所」を造営する。次期将軍となる若君の元服を間近に控え、亡夫頼朝と縁の深い勝長寿院で、頼朝らの菩提を弔う余生を送るための準備を始めたのであろう。

しかし義時がこの世を去ると、北条泰時の邸宅にしばらく滞在し、その後は「御堂御所」を維持しながらも、義時大倉亭郭内で若君と同宿していた。京都から鎌倉に戻ってきた泰時の不安定な立場をサポートし、円滑に次期将軍を擁立するねらいがあったと考えられる。

義時大倉亭郭内の邸宅で病を得ると「新御所」への移動をのぞみ、容体の急変によって「東御所」へと移されてそこで最期を迎え、「御堂御所」で荼毘に付されている。

以上のように政子の居所とその政治的立場は変化していった。しかし、当然ながら政子は一ヶ所にとどまり続けたわけではない。

安達景盛と源頼家との間に起きた愛妾をめぐる問題では安達亭に、比企氏の乱では北条時政の名越亭に、伊賀氏の乱の折には三浦義村宅に、泰時の立場が不安定な時期には泰時亭に、それぞれ自分の身体を移動させ、事態を収拾させていた。そして結果的に、移動した先の勢力を優位に導いている。

北条氏の邸宅と将軍の御所との関係を検討した前稿では、将軍は北条氏の都合で移動させられる存在であるかのように記した。それに対して政子の場合は、騒動の渦中にあってあえて自分の身体を移動させることで、事前に騒動を鎮静化させ、結果的には北条氏に優位な状況をもたらしていたのである。

注

（1）拙著『北条氏権力と都市鎌倉』（吉川弘文館、二〇〇六年）所収。初出は一九九七年。

（2）藤田盟児「鎌倉の執権及び連署の本邸の沿革」（『日本建築学会計画系論文集』五三三、二〇〇〇年）。同「鎌倉における赤橋邸と西殿の沿革」（『日本建築学会計画系論文集』五九四、二〇〇五年）などでは、北条氏の邸宅の位置について前稿とやや異なる見解が示されているが、詳細は後稿を期したい。

（3）貫達人「北条氏亭址考」（『金沢文庫研究紀要』八、一九七一年）。

（4）近年の著作に限っても、野村育代『北条政子――尼将軍の時代――』（吉川弘文館、二〇〇〇年）、田端泰子『北条政子――幕府を背負った尼御台――』（人文書院、二〇〇三年）、関幸彦『北条政子――母が嘆きは浅からぬことに候――』（ミネルヴァ書房、二〇〇四年）などがある。

（5）『吾妻鏡』治承四年（一一八〇）八月十九日条。

（6）『吾妻鏡』治承四年（一一八〇）九月二日条・同十月十一日条。

（7）『吾妻鏡』建仁三年（一二〇三）九月二日条。

（8）『吾妻鏡』建仁三年（一二〇三）九月二日条。

（9）前掲注（3）貫論文。

（10）益田宗「吾妻鏡の本文批判のための覚書――吾妻鏡と明月記との関係――」（『東京大学史料編纂所報』六、一九七一年）。

（11）明月記研究会「『明月記』（建暦三年五月）を読む」（『明月記研究』九、二〇〇四年）参照。

（12）『吾妻鏡』貞応二年（一二二三）七月廿六日条、同嘉禄元年（一二二五）七月十二日条など。

（13）『吾妻鏡』嘉禄元年（一二二五）八月廿七日条などに登場する「竹御所」は、源頼家の娘で九条頼経の妻となった女性を指している。この女性が住んだ建物が「竹御所」と呼ばれていたのであろう。この建物がどこにあったかは分からないが、将軍やその子息の居所に対して「御所」

という語が用いられている例のひとつとして、ここに掲げておく。

(14)「小」と「北」のくずし字は似ているので、「東小御所」と「東北御所」は同一のものであった可能性もあるが、諸本による文字の異同は見られないので、ここでは別のものとして扱った。

(15) 太田静六『寝殿造の研究』（吉川弘文館、一九八七年）に示された大倉御所の復元案では、御所郭内に「大御所」、「北面《ママ》御所」、「東北御所」、「小御所」の存在が想定されていることを指摘しておく。将軍御所の空間構成については藤田盟児「鎌倉武士住宅の空間構成——幕府御所を中心として——」（『建築史の空間』中央公論美術出版、一九九九年）も詳しい。

(16) 馬淵和雄「大倉幕府周辺遺跡群」（『鎌倉市埋蔵文化財緊急調査報告書』九、鎌倉市教育委員会、一九九二年）では、当該調査地点で検出された大規模な総柱の掘立柱建物が「東御所」である可能性を示唆している。これにしたがうと「東御所」は大倉御所の郭外にあったことになるが、本章で示したように、「東御所」は大倉御所の郭内にあった可能性が高いと考える。

(17)『吾妻鏡』承久元年（一二一九）七月十九日条。

(18)『吾妻鏡』承久二年（一二二〇）十二月一日条。

(19)『吾妻鏡』承久二年（一二二〇）十二月一日条。

(20)「御堂御所」の『吾妻鏡』における初出は承久三年（一二二一）五月十九日条の「同東士交名註進状等、於二二品亭一〈号二御堂御所一〉披閲」という記述である。すでに『鎌倉市史』総説編（吉川弘文館、一九六七年）や前掲注（3）貫論文で指摘されているように、「御堂御所」はまだ造営されはじめてもいないので、この割注は誤記である可能性が高い。

(21)『吾妻鏡』寛喜三年（一二三一）十月十六日条に「故二位殿御時、所レ被レ用二本所一之僧坊一宇在レ之」とあるのが、この時の二階堂家ではないかと考えられる。

(22) 太田静六『寝殿造の研究』（吉川弘文館、一九八七年）によれば、「邸内に著名な泉を持つ場合は、いつしかその邸宅を代表する名称」となり、〇〇泉亭などと呼ばれるようになるというから、「大倉泉亭」とは著名な泉を持つ大倉に所在する邸宅といった程度の意味であろう。
(23)『吾妻鏡』元仁元年(一二二四)六月廿八日条。
(24)『吾妻鏡』元仁元年(一二二四)七月十七日条。
(25)『吾妻鏡』元仁元年(一二二四)閏七月一日条。
(26)『吾妻鏡』元仁元年(一二二四)六月廿七日条では、泰時が小町西北の邸宅を修理した際、関実忠と尾藤景綱らがその郭内に邸宅を構えている。
(27)『吾妻鏡』貞応二年(一二二三)九月廿五日条。

第五章　都市鎌倉における永福寺の歴史的性格

はじめに

鎌倉市の二階堂にある大塔宮のバス停を降りて鎌倉宮沿いに北東に向かうと、丘陵に囲まれた平地が広がっている。地元に残る伝承や字から、鎌倉時代にはここを中心に永福寺《ようふくじ》という寺院が伽藍を広げていたことが分かっている。永福寺とは、源頼朝が造営させた鎌倉幕府を代表する寺院である。今では考古学の成果を反映させた建物の礎石跡が整備してあるだけのこの平地には、かつては大寺院がその甍を誇っていたのである。

この永福寺の建立について検討することは、序章で河野眞知郎氏が今後検討すべき課題のひとつとして挙げた、「権力者による社寺造営」に応えることになるであろう。なお、具体的な永福寺の位置については図11「鎌倉地図」(1)を参照願いたい。

この一帯は早くは戦前から考古学的に調査が始まり(2)、一九六六年に国指定史跡となってからは

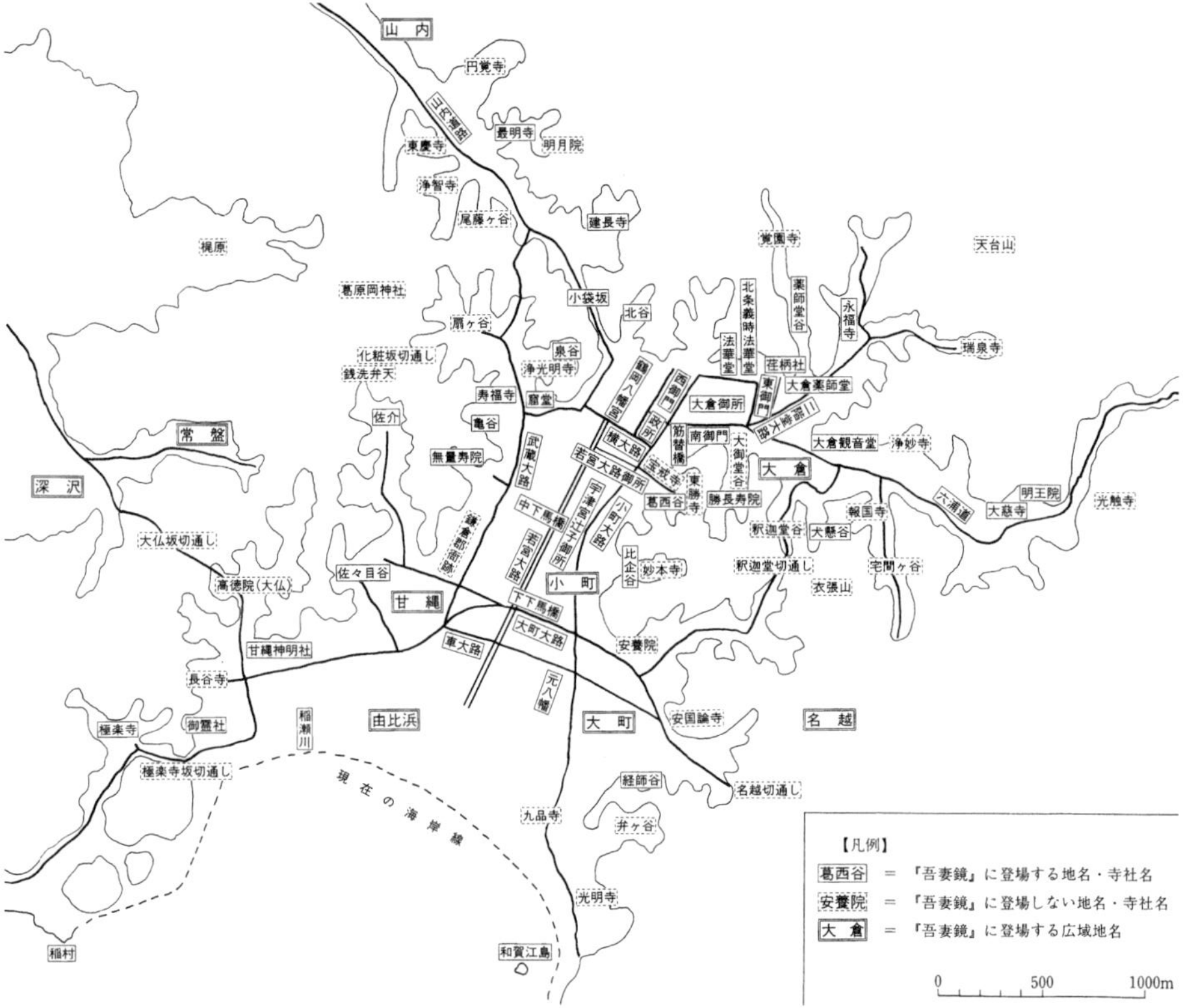
山内
円覚寺
東慶寺
最明寺
明月院
浄智寺
尾藤ヶ谷
建長寺
梶原
葛原岡神社
扇ヶ谷
小袋坂
北谷
泉谷
浄光明寺
化粧坂切通し
銭洗弁天
寿福寺
窟堂
佐介
亀谷
無量寿院
常盤
深沢
大仏坂切通し
高徳院（大仏）
佐々目谷
甘縄
甘縄神明社
長谷寺
極楽寺
御霊社
稲瀬川
由比浜
極楽寺坂切通し
現在の海岸線
稲村
和賀江島
九品寺
光明寺
弁ヶ谷
経師谷
名越切通し
大町
元八幡
車大路
大町大路
下下馬橋
若宮大路
中下馬橋
武蔵大路
鎌倉郡衙跡
宇津宮辻子御所
小町大路
小町
比企谷
妙本寺
安養院
安国論寺
名越
若宮大路御所
横大路
鶴岡八幡宮
政所
西御門
筋替橋
南御門
大倉御所
宝戒寺
東勝寺
葛西谷
勝長寿院
大御堂谷
大倉
法華堂
北条義時法華堂
荏柄社
東御門
大倉薬師堂
覚園寺
薬師堂谷
永福寺
瑞泉寺
天台山
大倉観音堂
浄妙寺
釈迦堂谷
犬懸谷
報国寺
釈迦堂切通し
衣張山
宅間ヶ谷
六浦道
大慈寺
明王院
光触寺
【凡例】
葛西谷 ＝ 『吾妻鏡』に登場する地名・寺社名
安養院 ＝ 『吾妻鏡』に登場しない地名・寺社名
大倉 ＝ 『吾妻鏡』に登場する広域地名
0
500
1000m

図11　鎌倉地図

毎年のように計画的な発掘がおこなわれてきた。[3] これらの調査によって永福寺の過去の姿が次第に明らかになってきている。永福寺をテーマにしたシンポジウムもいくつか開かれ、[4] その認知度は高まっているといえよう。発掘調査が進んだことによって出土品や遺構に関する研究[5]も多く発表され、今や鎌倉の中でも考古学的にはもっとも研究が進展している寺院といった感さえある。本章でもこれら考古学の成果に学びながら論を進めたい。

考古学の進展に対して、文献史学の立場から永福寺を扱った論稿は決して多くはない。[6] 数少ない研究の中では、吉田通子氏[7]や伊藤一美氏[8]が成立期の永福寺について論じている。永福寺成立の目的について吉田通子氏は、鎌倉幕府が平泉を通した京都文化の摂取と平泉の文化的影響力を利用して奥州を支配しようとしたことに求めている。

伊藤一美氏は、鎌倉幕府が奥州の「心と形」を自らの中に取り込むことで一体化させることが永福寺建立の目的だとしている。

また、頼朝の怨霊観について考察した山田雄司氏[9]も、永福寺建立の主眼が奥州出兵によって犠牲となった戦死者の霊魂を安んじることにあったと指摘している。これらの研究によって永福寺成立の意義が明らかとなり、さらには奥州平泉との関連が明確に示されたといえよう。

しかし、成立以降の永福寺について論じた研究はない。これまでの文献史学の研究状況をふまえると、中世後期まで存続した永福寺の意味を、もう少し長いスパンで捉える必要があることが分かる。また、鶴岡八幡宮などとともに鎌倉幕府の重要な寺社として機能した永福寺は、奥州藤原氏との関係のみでは語りきれない部分もあろう。

そこで本章では、これまでの研究をふまえ、成立期から南北朝期という比較的長い期間を対象に永福寺の性格を検討し、鎌倉幕府などの時々の政権や都市鎌倉において永福寺がいかなる役割を果たしていたのかを考察する。

その際には、考古学と文献史学との接点や齟齬といった問題にも触れざるを得ない。文献史学を専門とする筆者の立場から、改めてこれまでの考古学的成果と文献史料とを比較検討し、両者を整合的に説明できるような仮説を提示することを目指したい。

第一節　永福寺の成立

一　供養と鎮魂の寺院

源頼朝は平氏を滅ぼした後、奥州藤原氏を攻め滅ぼすことを考えた。頼朝軍の進撃に敗戦を続けた藤原泰衡は、本拠地の平泉を放棄して北へと逃走するが、[10] 逃走中に年来の郎従であった河田次郎の裏切りにあって殺害されてしまう。[11] こうして、一〇〇年近く続いた奥州藤原氏の繁栄は、その歴史の幕を閉じた。平泉に逗留した源頼朝は、そこに建てられていた多くの華麗な寺院を目の当たりにする。中でも大長寿院という二階建ての大堂には大いに感銘を受けたようだ。

京都での生活も経験している頼朝が目を見張ったのだから、大堂はよほど素晴らしい出来映えだったのであろう。頼朝はこれを模した寺院を鎌倉に建立することを思い立った。それが永福寺である。これまでの研究において次の【史料一】がこうした見解の根拠となってきた。

【史料一】『吾妻鏡』文治五年（一一八九）十二月九日条（傍線筆者。以下同）

今日永福寺事始也、於二奥州一、令レ覧二泰衡管領之精舎一、被レ企二当寺花構一之懇府、且宥二数万之怨霊一、且為レ救二三有之苦果一也、抑彼梵閣等、並レ宇之中、有二二階大堂一〈号二大長寿院一〉、専依レ被レ模レ之、別号二二階堂一歟、

この史料では、永福寺が作られ始めたことが書かれており、つづいてその造営の理由が述べられている。

従来の見解では、平泉の大長寿院を模したという「抑」以降の部分を強調して、永福寺が平泉の二階大堂を模して作られていることから、永福寺と奥州とが関連づけられてきた。しかし、永福寺建立の目的は傍線部にこそ記されているのではないだろうか。すなわち「且宥二数万之怨霊一、且為レ救二三有之苦果一也」の部分である。ここには永福寺建立の目的が「数万の怨霊を宥《なだ》め、三有の苦果を救うため」だと記されている。三有《さんぬ》とは欲界・色界・無色界の三界のことを示す語であり、三界とは、いっさいの衆生の生死輪廻する迷いの世界のことである[12]。その後にある苦果《くが》とは、悪業によって生じた心身を苦しませる果としての報い[13]という意味だという。全体としては、

悪行によって迷いの世界を輪廻している怨霊を宥めるというような内容であろう。

　後に永福寺は、北条時頼によって修理される。そのことを記した『吾妻鏡』には、永福寺創建に源頼朝が託した思いが「欲レ宥二怨霊一、云二義顕《（源義経）》一云二泰衡一、非二指朝敵一、只以二私宿意一誅亡之故也、仍其年内被レ始二営作一」[14]と記されている。源義経（史料中では義顕）も奥州藤原氏の藤原泰衡も重大な朝敵ではなかったのに、個人的な思い入れだけで彼らを死に追いやってしまったので、頼朝はその年のうちに永福寺の造営を始めたのだというのである。

　およそ六十年後の『吾妻鏡』の記載がどこまで頼朝の意志を正確に反映しているかは分からないが、犠牲者だけでなく敵対した人々に対しても、頼朝が何らかの後ろめたさを感じていたことが読みとれる。当時は死者が祟るという御霊信仰[15]が広がっており、敵対した相手を祀る施設を造営することはしばしば見られる行為であった。したがって、たとえ朝敵であっても自分が死に追いやった相手の冥福を祈りその菩提を弔うという頼朝の発想[16]は、当然のものだったといえよう。また、敵方を供養するのだから、当然ながら味方の犠牲者も弔ったはずである。頼朝は自分に味方して命を落とした人々に対して、彼らを供養することも忘れてはいなかった。[17]したがって、永福寺創建の目的には、敵方だけでなく味方の犠牲者をも弔うという意味があったと考えるべきであろう。

　以上をふまえると、敵味方の区別なく戦闘で犠牲となった人々を供養し、頼朝に敵対して殺害された敵方の人々の怨霊を鎮魂するという意味が、永福寺の建立には込められていたと考えられる。

ここでいう犠牲者を、奥州藤原氏や敵方だけに限定する必要はあるまい。奥州合戦に限らず、そして敵味方に関係なく、すべての犠牲者を弔うのが永福寺創建の目的だと考えるのがより妥当であろう。

なお、南北朝期成立の『保暦間記』建久三年（一一九二）十一月廿五日条には、頼朝が死罪になるところを助けた池禅尼の孝養のために永福寺が建立されたと書かれている。このことも、供養や鎮魂の対象が奥州藤原氏に限定されている訳ではないことを示す傍証となろう。

二　勝利宣言の寺院

川合康氏(18)によれば、そもそも奥州藤原氏を攻撃するいわゆる奥州合戦は、前九年合戦の再現として演出されたものであった。前九年合戦とは、源頼義・義家親子が奥州の安倍氏を討伐した戦いであり、東国に源氏が進出するきっかけとなった戦争である。頼義・義家の親子といえば武士の棟梁として名高い武将であったから、彼らの模倣をすることによって頼朝は、自分が源氏の嫡流であることを周囲に誇示したかったのであろう。奥州合戦は、全国から武士を動員して前九年合戦を追体験させ、彼らの意識の中に源氏の嫡流である鎌倉殿という頼朝の存在を確立するねらいがあったのである。したがってこの奥州合戦は、鎌倉幕府創設の総仕上げという性格をもっていたと評価できる。

この合戦の後に建立が始まった永福寺も、その延長線上に考えなければなるまい。

以仁王の令旨から始まったいわゆる治承・寿永の内乱が奥州合戦で幕を閉じ、その総仕上げとして永福寺が創建されているのだから、永福寺には内乱すべてを含み込んだ意味合いが与えられていたと考えるべきであろう。

すなわち、この内乱によって犠牲となったすべての人々を供養し、頼朝に敵対して滅亡した平氏や奥州藤原氏を含めたすべての敵方を供養すると同時に、内乱が頼朝の勝利に終わったことを内外に示し、鎌倉幕府の成立を高らかに宣言することが、永福寺創建の目的であったと考えられるのである。奥州合戦だけでなく、一連の内乱すべてを対象とした寺院として頼朝は永福寺創建を挙行したのであろう。

つまり永福寺は、①治承・寿永の内乱のすべての戦いで犠牲となった人々を供養し、②敵方の怨霊を鎮めつつ、③内乱が頼朝の勝利に終わったことを内外に知らしめる、という三点を目的として建立されたと考えられるのである。

北条時宗が蒙古襲来の犠牲者を敵味方の区別なく供養するために円覚寺を建立したり、後醍醐天皇が北条高時亭跡に宝戒寺を造営させたのも[19]、戦争の犠牲者を敵味方の区別なく供養することに加え、勝者として敗者の霊を慰めるという行為によって、自分が勝者であることを内外に示すためだとも考えられる。永福寺は、後に建立される円覚寺や宝戒寺と同様に、供養と鎮魂、そして勝利宣言の寺院だったのである。

その寺院が、全国の武士とともに制圧した平泉の堂舎よりも貧相であっては意味がなくなってしまう。全国から動員した武士たちに鎌倉幕府の成立を見せつけるためには、彼らとともに見た平泉の寺院と同じかそれ以上の規模のものが求められたはずである。だからこそ頼朝は、平泉の中でも壮大であった大長寿院を模した寺院を建立したのであろう。

三　将軍の氏寺

上記のようにして成立した永福寺だが、その後は将軍の氏寺としても機能していたようである。やや信憑性は落ちるが、藤原定家の日記『明月記』にも、永福寺が頼朝の「墓所堂」[20]と書かれるなど、頼朝との関係が深い寺院であったことは明らかである。頼朝以降、歴代の将軍も何度か永福寺に行っている。次の【史料二】にあるように、二代将軍の源頼家は永福寺で蹴鞠を予定したり御家人に相撲をさせたりするなど、しばしば永福寺に赴いていたようである。

【史料二】『吾妻鏡』正治元年（一一九九）九月廿三日条

中将家（頼家）渡二御永福寺一、可レ有二御鞠一之処、依レ雨被レ止訖、入二御和田左衛門尉第一、依レ召二出壮士等一被レ決二相撲一云々、

三代将軍の源実朝は、勝長寿院や源頼朝の法華堂などとともに永福寺に参詣することもあった。[21]勝長寿院は頼朝の父である義朝の供養をするために建てられた寺院であり、頼朝法華堂は、頼朝

が生前に個人的に信仰していた持仏堂が彼の死後に法華堂として整備されたものである。[22]したがって実朝は、祖父と父の墓参とともに、永福寺も訪れたことになる。永福寺は、源氏の嫡流として勝長寿院・頼朝法華堂とともに参詣しなければならない寺院だったのであろう。換言すれば、永福寺は源氏嫡流の継承者である将軍にとっての氏寺的存在だったのである。

それと同時に、永福寺は鎌倉における将軍の別荘的な位置づけでもあったようである。源頼家は、はやり歌を歌いながらの酒宴を催すなどしており、[23]また以下の【史料三】【史料四】の傍線部にあるように、源実朝も花見をするためにたびたび永福寺に出かけている。

【史料三】『吾妻鏡』建保二年（一二一四）三月九日条

及レ晩、将軍家（実朝）俄御二出永福寺一、為レ御二覧桜花一也、修理亮、山城判官行村、東平太重胤、宮内兵衛尉公氏等候二御共一、上下歩儀也、戌剋、及二還御之期一、儲二御車於寺門一、

【史料四】『吾妻鏡』建保五年（一二一七）三月十日条

将軍家（実朝）為レ覧二桜花一、御二出永福寺一、御台所御同車、先御礼仏、次逍二遥花林下一給、其後入二御大夫判官行村宅一、有二和歌御会一、及二亥四点一、乗レ月還御、

これが先例となったのか、その後の将軍はいずれも永福寺で花見をしている。[24]おそらくは永福寺での花見が将軍の恒例行事となっていたのであろう。単に永福寺の花が美しかったからという

こともあろうが、花見に出かけるという行為はもともと特別なものであった。例えば白河上皇は、自分の氏寺ともいうべき法勝寺でやはり花見をしている。(25)花見に出かける寺院は、その人物の氏寺のような存在と評価することができよう。やはり、永福寺は将軍の氏寺と位置づけられる寺院だったのである。

建立の段階で永福寺は、敵味方の区別なく鎌倉幕府成立のために犠牲となったすべての人々の供養と、頼朝に敵対した人々の鎮魂のために創建され、それによって源頼朝が一連の内乱の勝者であることを内外に示す効果が期待されていた。その後、二代目以降の将軍は、永福寺を鎌倉における別荘のように利用しながら、将軍の氏寺という性格を維持し続けたと評価できよう。

しかし、建立の目的とその後の利用のされ方は、決して永福寺という寺院の性格が変化したことを意味しない。歴代の将軍が花見をしたり宴会を開いたり相撲をさせたりするのは、幕府成立によってもたらされた「平和」を、敵味方や生者死者の区別なく、ともに享受することの表れであろう。幕府の成立を誇示しつつ犠牲者を供養し敗者を鎮魂する寺院で、酒宴や花見を催すことは決して不謹慎なことではないのである。

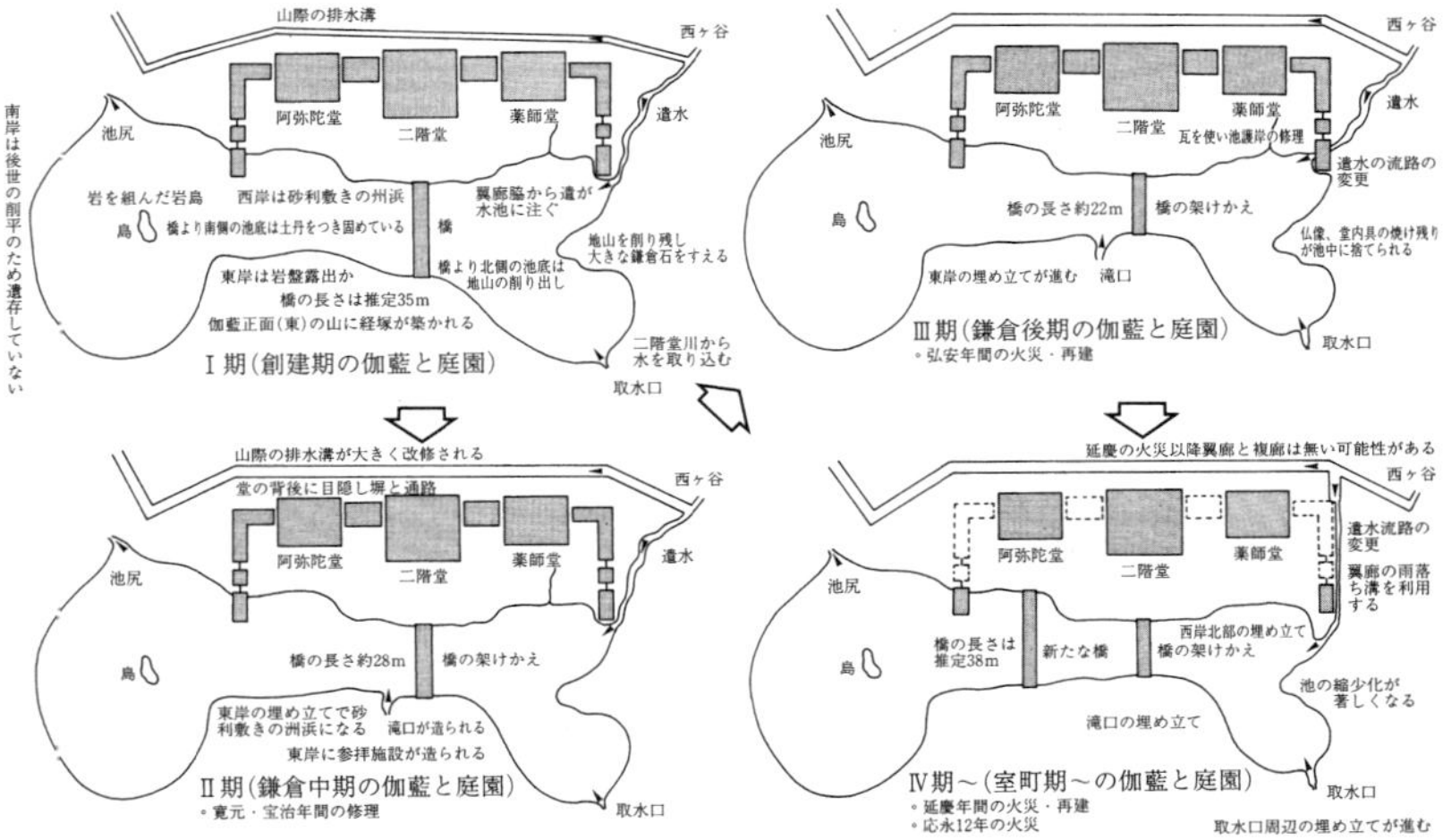

図12　「遺構変遷図」

第二節　二つの薬師堂

一　永福寺の堂舎

上記のような性格をもつ永福寺の具体的な様相は、実はあまりよく分かっていない。文献史料があまり多く残されていないことに加え、中世後期には廃寺となっていたことがその原因のひとつである。

しかしこれまでの発掘調査によって、永福寺境内と考えられる地域からは三つの堂舎跡が検出されている。これらの堂舎は東を正面にして建てられ、それぞれが廻廊でつながっていた。堂舎の正面（東側）には池をもつ庭園が造営され、南と北の堂からは東に向かって翼廊が伸びていたようである。この一帯に「三堂」という字が残っているのも、ここに三つの堂舎があったことを裏付けるだろう。

従来の研究では、三つの堂舎の中央が二階堂、南が阿弥陀堂、北が薬師堂であり、建久三年（一一九二）に永福寺が建立された段階では、中央の二階堂しか完成しておらず、阿弥陀堂と薬師堂は後から造り加えられたと考えられている。[26] 具体的な伽藍配置は「遺構変遷図」[27]を参照願いたい。確かに『吾妻鏡』では、狭義の永福寺の他に、薬師堂と阿弥陀堂が広義の永福寺として扱われていた。それを示すのが次の【史料五】である。

【史料五】『吾妻鏡』建久五年（一一九四）十二月二日条

御願寺社被定二置奉行人一訖、而今日重有二其沙汰一、被ㇾ加二人数一

鶴岡八幡宮〈上下〉

大庭平太景能　藤九郎盛長　右京進季時　図書允清定

勝長寿院

因幡前司広元　梶原平三景時　前右京進仲業　豊前介実景

永福寺

三浦介義澄　畠山次郎重忠　義勝房成尋

同阿弥陀堂

前掃部頭親能　民部丞行政　武藤大蔵丞頼平

同薬師堂〈今新造〉

豊後守季光　　隼人佑康清　　平民部丞盛時

上記は幕府が御願寺社に担当の奉行人を定めた時の史料である。傍線部にあるように、ここでは鶴岡八幡宮や勝長寿院とともに永福寺・同阿弥陀堂・同薬師堂の担当奉行人が決められている。(28)阿弥陀堂や薬師堂に「同」とあることから、広義の永福寺には、狭義の永福寺と阿弥陀堂・薬師堂が含まれていたことは明らかであろう。

これまでの研究では、狭義の永福寺が三つの堂舎の中央にある二階堂であり、残り二つの堂舎が阿弥陀堂、薬師堂だと考えられてきた。

しかし、文献史料から考えるとそう簡単に断定することはできない。そもそも北の堂舎が薬師堂で南の堂舎が阿弥陀堂だという史料的な根拠も管見の限り見当たらない。(29)もちろん考古学的な根拠もない。薬師堂と阿弥陀堂の配置は、戦前の発掘調査によって暫定的に名付けられたものだと考えられる。つまり、三つの堂舎の名称にはなお検討の余地が残されているのである。

もちろん、これまでの発掘調査は広義の永福寺全域を調査した訳ではない。永福寺には、薬師堂や阿弥陀堂の他にも、源義信亡妻の追福のために建てられた多宝塔(30)や、後に東光寺(31)となり、現在の鎌倉宮境内にあったと考えられる二階堂行光が建立した伽藍(32)をはじめ、伊賀朝光の建てさせた梵宇(33)や伊賀朝光追福のための塔婆(34)があり、さらに僧坊(35)や惣門(36)などもあった。

しかし、これらの遺構は発掘調査では検出されていない。今まで発掘されてきたのは、広大な永福寺境内のごく一部なのである。だからといって、これらの遺構をすべて発掘するのは現実的に困難なことであろう。したがって、今までの見解を覆してそれに変わる案が出されていない以上、とりあえずは今まで示されてきた公式見解のように、三つの堂舎を二階堂、薬師堂、阿弥陀堂に比定するしかあるまい。

ただし、三つの堂舎の名称が必ずしも二階堂、薬師堂、阿弥陀堂とは限らないということは、文献史学の立場から主張しておかなければならないことである。

このような三つの堂舎しか発掘されていないという考古学の限界を認識した上で、以下では、文献史学の立場から考えられる永福寺の様相についてその可能性を提示し、今後の研究に資するような材料を提示することを試みたい。

二　薬師堂関連史料

永福寺が造営されたのは、先述のように建久三年（一一九二）のことであった。『吾妻鏡』によれば、完成したのは同年十一月廿日で、同廿五日に供養が行われたという。導師には法勝寺などの別当を歴任した公顕が京都から招かれている。(37) この時の『吾妻鏡』の記事には「永福寺」が完成したとある。この時点で狭義の永福寺が完成したのである。

翌年、永福寺内に薬師如来像を安置する御堂が建てられることとなった。この造営に関する『吾妻鏡』建久四年（一一九三）の一連の記事をまずは掲げよう。

【史料六】① 十一月八日条

前権僧正真円〈号レ亮〉自二京都一参着、是永福寺傍建二梵宇一、被レ安二置薬師如来像一之間、為二供養導師一依レ被二招請一也、止二比企右衛門尉能員宅一、被レ招二入之一云々、又願文到着、草式部大輔光範卿、清書按察使朝方卿云々、

【史料六】② 十一月廿七日条

永福寺薬師堂供養也、将軍家渡二御寺内一、於二南門外一整二行列一、千葉小太郎成胤持二御剣一、愛甲三郎季隆懸二御調度一云々

【史料六】①にあるように「永福寺傍」の「梵宇」に薬師如来が安置された。薬師如来像の安置以降は「永福寺薬師堂」とよばれているようだ。供養願文の草案は藤原光範が作成し、藤原朝方がこれを清書したという。また、この供養の際に京都から招かれた導師は真円という僧侶であったことが【史料六】①から分かる。【史料六】②で書かれているように、永福寺薬師堂が建久四年（一一九三）十一月二十七日に完成した。

ところが、この翌年に当たる建久五年（一一九四）にも永福寺に薬師堂が造営された記事が『吾妻鏡』に載せられている。

この点について赤星直忠氏は[38]、建久五年（一一九四）の薬師堂はいわば「新薬師堂」であって、建久四年（一一九三）の建物とは別だと解釈している。つまり、永福寺に二つの薬師堂があった

と考えているのである。

それに対して貫達人氏[39]は、『吾妻鏡』建久四年（一一九三）の記述は薬師堂ではなく阿弥陀堂の誤りであって、建久五年（一一九四）の記述こそが薬師堂の記事だと主張した。現在では後者の貫氏の説が支配的なようである。しかし、『吾妻鏡』の記載を単純な誤りとして処理するのには躊躇せざるを得ない。これを確認するために、二度目の薬師堂造営を示す『吾妻鏡』建久五年（一一九四）の一連の史料を見てみよう。

【史料七】①　七月十四日条

永福寺郭内、被レ建二立一宇伽藍一、今日上棟、将軍家監臨給、

【史料七】②　十月十三日条

永福寺内新造堂事、今年中依レ可レ被レ遂二供養一、為二導師一可レ被レ請二申東大寺別当僧正一之由云々、

【史料七】③　十一月七日条

永福寺内新造御堂被レ立レ扉、仍　将軍家監臨給、工等預二別禄一云々、

【史料七】④　十二月廿六日条

永福寺内新造薬師堂供養、導師前権僧正勝賢云々、将軍家御出

【史料七】⑤　十二月廿八日条
将軍家《頼朝》幷御台所《政子》・若公《頼家》等令ㇾ参二永福寺薬師堂一給、供養無為之間、故及二御礼仏儀一云々、

一連の記事によれば、永福寺薬師堂が建久五年（一一九四）十二月廿六日に完成したことになる。【史料七】①には「永福寺郭内」に「伽藍」を建立しようとしていたと記されており、【史料七】②では、供養のために東大寺から招かれた導師が勝賢という僧侶であったことが分かる。【史料七】を通覧すると、この堂舎の供養は一連の記事であって、④⑤には「薬師堂」と明記されていることから、これらすべてが阿弥陀堂と勘違いされた記述とは考えにくい。したがって、赤星氏の指摘したように永福寺には二つの薬師堂があったと解釈するのが妥当であろう。

三　永福寺伽藍再考

永福寺に二つの薬師堂があったと仮定すると、永福寺の伽藍そのものも再考しなければならなくなる。というのも、考古学的には三つの堂舎が掘り出されたのに対して、文献史料からは狭義の永福寺・阿弥陀堂・二つの薬師堂の四つの堂舎があり、両者に食い違いが生じてしまうからである。

そこで、建久四年（一一九三）に建てられた薬師堂を第一薬師堂、建久五年（一一九四）に建立された薬師堂を第二薬師堂と仮によぶことにして、改めて二つの薬師堂を比較してみよう。

第一薬師堂は【史料六】②にあるように「永福寺薬師堂」と記されているのみで「新造」の二文字がまったく用いられていないのに対して、第二薬師堂には【史料七】②に「永福寺内新造堂」、【史料七】③に「永福寺内新造御堂」、【史料七】⑤に「永福寺内新造薬師堂」とあるように、「新造」という語を伴っている。

この違いは、第一薬師堂と第二薬師堂の新旧関係を如実に表していよう。第一薬師堂の存在が前提にあるからこそ、第二薬師堂は「新造」と表記されているのである。したがって、永福寺内に新旧二つの薬師堂があったと考えるのが妥当であろう。

また【史料六】②によれば、第一薬師堂は「永福寺傍」に建てられた「梵宇」であった。それに対して第二薬師堂は、【史料七】①によると「永福寺郭内」に建立された「伽藍」であったという。『日本国語大辞典』（小学館）によれば、「梵宇」とは「てら。寺院」の意味であり、「伽藍」とは「僧が集まって仏道を修行する清浄閑静な所。寺の建物の総称。寺、寺院」を意味する。両者はほぼ同義だが、「梵宇」よりは「伽藍」の方が規模が大きいという印象を受ける。

したがって、先に建てられた第一薬師堂が比較的小規模なものであり、後から建立された第二薬師堂が比較的規模の大きな堂舎であったと推測することが可能である。規模の大小はともかく、両者が別の言葉で表現されているということは、別の建物であった可能性が高いということになろう。

二つの薬師堂の関係が明らかとなったところで、次にそれぞれの願主を想定してみよう。まず想起されるのが源頼朝である。しかし、次に掲げた【史料八】には北条政子が薬師堂を造営させたと書かれている。

【史料八】『武家年代記裏書』建久三年（一一九二）十一月廿五日条
永福寺供養、導師前大僧正公顕、此内薬師堂二品《北条政子》禅尼建久年中造レ之、願文草光範、清書朝方卿

この記事では、建久三年（一一九二）に狭義の永福寺が建立されたことが記されている。この時の導師は公顕で間違いないが、光範と朝方はともに第一薬師堂供養の際の願文作成に関わった人物である。第一薬師堂は建久四年（一一九三）の建立だから、この記事そのものが狭義の永福寺と第一薬師堂を混同していることになる。しかし「此内薬師堂二品《北条政子》禅尼建久年中造レ之」とあるので、第一・第二いずれかの薬師堂は北条政子が願主であったと考えることはできるだろう。『武家年代記裏書』の記事がこれだけ混乱していることからすると、この記事そのものの信憑性も疑いたくなるが、『武家年代記裏書』は鎌倉末から南北朝期の成立であり、それほど大きな間違いがあるとは思えない。したがって、少なくとも北条政子が第一・第二いずれかの薬師堂を造営させたことは信用しても問題あるまい。

それでは、北条政子はどちらの薬師堂の造営に関わったのであろうか。【史料七】⑤によれば、

第二薬師堂が完成した後、政子は頼朝とともに永福寺に参詣している。供養が無事に済んだからだという。第一薬師堂に政子が関わった形跡は見られないので、政子が造営させたのは第二薬師堂であった可能性が高い。第一薬師堂の願主は明記されていないが、【史料六】②には第一薬師堂の供養の際に頼朝が永福寺内に渡ったとあり、永福寺そのものも頼朝の発願によって建てられているので、頼朝が第一薬師堂も建立させたと推測できる。

以上のように考えると、源頼朝が狭義の永福寺に追加して翌年に比較的小規模な第一薬師堂を建てさせ、さらにその翌年に、今度は政子が願主となって比較的規模の大きい第二薬師堂を建立させたと推定することができよう。【史料五】に「薬師堂〈今新造〉」とあるのは新旧関係を明示した記載であり、政子が願主となって建立させた比較的規模の大きい第二薬師堂を指しているのだと考えれば、少なくとも史料の上ではつじつまが合う。

二つの薬師堂が上記のような順序で建立されたとすると、阿弥陀堂はいつ建てられたことになるのだろうか。残念ながら阿弥陀堂の建立を具体的に示す史料はない。しかし【史料五】の建久五年（一一九四）の時点ですでに阿弥陀堂が存在していることは明らかなので、狭義の永福寺が建久三年（一一九二）に建立された際、阿弥陀堂も同時に建立されたと考える他あるまい。

すでに述べたように、これまでの調査で永福寺の境内全域が発掘された訳ではない。現在の鎌倉宮まで永福寺境内だったとすると、発掘された地域は永福寺境内のごく一部である。したがって、これまでに見付かった三つの堂舎が二階堂・薬師堂・阿弥陀堂だという確証はない。しかし、これらの堂舎が永福寺境内でもっとも広い平地を占有していることをふまえると、発掘された遺構が永福寺の主要な建築物であったとする評価は動かない。この遺構が永福寺の中心的な伽藍だったとすると、三つの堂舎は創建時に建立された狭義の永福寺だと考えるのが妥当であろう。検出された堂舎の正面に池の遺構が発見されているのも、『吾妻鏡』の記事[40]と一致する。

永福寺の中心伽藍となる狭義の永福寺は平泉にあった二階建ての大長寿院を模したものであったから、当然ながら二階建ての堂が建っていたはずである。しかし、それはひとつの堂舎である必要はあるまい。宇治の平等院鳳凰堂のように、廻廊でつながれた三つの建築物がひとつの名称でよばれることもある。

したがって、現在までに確認されている三つの堂舎の遺構は、三つ合わせて狭義の「永福寺」を構成しており、中でもおそらく二階建ての中央の堂舎だけがもっとも狭い意味での「永福寺」とよばれていたと推測できよう。つまり、広義の永福寺境内に狭義の永福寺を構成する三つの堂舎があり、もっとも狭い意味での永福寺は三つの堂舎の中央のみを指していたと考えられるのである。この推測を裏付ける史料を次に示そう。

【史料九】『吾妻鏡』寛元二年（一二四四）七月五日条

永福寺幷両方脇堂有㆓修理之儀㆒、今日事始也、肥前前司久良、中民部大夫元業等為㆓行事㆒、件寺右大将軍御時、文治五年依㆓殊素願㆒被㆓建立㆒之後、積㆓数十廻星霜㆒之間、已及㆓破壊㆒

云々、

傍線部にあるように、この時には「永福寺」と「両方脇堂」を修理することが決められている。発掘された三つの堂舎の内で中央のものがもっとも狭い意味での永福寺だと解釈すれば、「脇堂」はその左右にある二つの堂舎にふさわしい名称であろう。ここでは阿弥陀堂や薬師堂といった名称が登場しないことから、「両方脇堂」が阿弥陀堂と薬師堂ではない可能性もある。

つまり、もっとも狭い意味での永福寺は三つの堂舎の中央にある建物であり、左右の堂舎はそこから廻廊でつながれた「脇堂」でしかなかったのである。中央の堂舎がおそらく二階建てだったことから、三つの堂舎はまとめて二階堂とよばれたのであろう。したがって、三つの堂舎がまとめて狭義の永福寺を構成しており、中央の堂舎がもっとも狭い意味での永福寺の呼称であったとする推測はより妥当性を増したといえる。

阿弥陀堂や二つの薬師堂は、まだ発掘調査の及んでいない広義の永福寺境内に造営されたと想定すれば、少なくとも文献史料上は無理なく解釈できる。これからの発掘でこの解釈と異なる結果が掘り出されれば私見を撤回することはやぶさかではないが、ひとつの仮説として以上のように提示しておきたい。

第三節　三つの性格

一　宝治合戦

宝治元年（一二四七）六月に、対立関係にあった三浦氏と北条氏との武力衝突が起こった。宝治合戦である。敗色が濃厚となった三浦方の首謀者である三浦泰村は、頼朝の法華堂に逃げ込んだ。泰村の舎弟である三浦光村は、永福寺惣門内に八十余騎を率いて陣を構えており、永福寺でともに戦おうと泰村に使者を送ったが、結局は光村も泰村に合流して頼朝法華堂で自害して果てたという。(41)

この時の合戦で被害を受けたからか、あるいは創建からかなりの年月が経って痛んでいたからか、宝治二年（一二四八）には永福寺の修理が行われた。この時の修理について『吾妻鏡』には以下のようにある。

【史料十】『吾妻鏡』宝治二年（一二四八）二月五日条

永福寺之堂修理事、去寛元二年四月、雖レ及二其沙汰一、日来頗懈緩也、而左親衛（北条時頼）、明年廿七
歳御慎也、可レ被レ興二行当寺一之由、依レ有二霊夢之告一、殊思召立云々、当寺者、右大将軍（源頼朝）、
文治五年討二取伊予守義顕（源義経）一、又入二奥州一征二伐藤原泰衡一、令レ帰二鎌倉一給之後、陸奥出羽両
国可レ令二知行一之由被レ蒙二　勅裁一、是依レ為二泰衡管領跡一也、而今廻二関長東久遠慮一給之余、

欲レ宥二怨霊一、云二義顕一云二泰衡一、非二指朝敵一、只以二私宿意一誅亡之故也、仍其年内被レ始二営作一、随而壇場荘厳、偏被レ模二清衡、基衡、秀衡〈以上泰衡父祖〉等建立平泉精舎一訖、其後六十年之雨露侵二月殿一云々、明年者、所レ相二当于義顕幷泰衡一族滅亡年之支干一也、

繰り返しになるが、傍線部によれば、義経（史料中では義顕）や泰衡がそれほどの朝敵ではなかったのにもかかわらずただ個人的な感情で彼らを殺してしまったので、頼朝はその怨霊を宥めるために平泉から鎌倉に戻ってすぐに永福寺造営を思い立ったという。

すでに触れたように、創建から六十年が過ぎた時期に当たるこの記述が頼朝の意志を正確に反映しているかは定かではない。しかしここでは、北条時頼がわざわざ永福寺創建の目的のひとつである敵方供養を六十年ぶりに持ち出していることに注目したい。宝治合戦で最後まで三浦氏との衝突を避けようとしていた時頼にとっては、政治工作もむなしく武力衝突が始まり、結局は三浦氏を滅ぼしてしまったという結果に対して、心残りがあったのかもしれない。

もちろん、この時には敵味方の区別なく多くの犠牲者が出たはずである。敵味方なく犠牲となった人々の供養と三浦氏をはじめとする敵方の鎮魂という二つを目的として、時頼が永福寺の大修理を思い立ったと解釈しても不自然ではあるまい。(42) ここでも永福寺は、敵味方の区別なく犠牲者を供養し敵方を鎮魂するという、創建時の性格が期待されていると推測できる。なお、この時の復興は建長元年（一二四九）に完成した。(43)

また、時頼は夢告によって永福寺修理を思い立ったとされているが、鎌倉を代表する寺院である永福寺をこの時期に復興させることで、宝治合戦後の新たな幕府体制をスタートさせたいという時頼の政治的意図も見え隠れする。特に永福寺は三浦光村が陣を構えたところであった。永福寺からはその三浦氏の残像を取り除かなければならない。三浦氏を排除した幕府の新たな体制の象徴としても、永福寺は北条氏によって復興されなければならなかった。つまり永福寺は、北条氏が三浦氏に勝利したことを宣言する寺院としても性格づけられるのである。

以上のように宝治合戦後の永福寺修理は、宝治合戦で犠牲となった人々を供養し、敵方として滅亡した三浦氏を鎮魂すると同時に、北条時頼が三浦氏に勝利したことを内外に宣言するという意味ももっていたと解釈できる。これは、治承・寿永の内乱による犠牲者の供養と敵方の鎮魂、そして内乱に勝利したことを宣言するという永福寺創建の目的とも一致するものであろう。

二　弘安の大修理

永福寺は何度か火災で焼けており、特に弘安三年（一二八〇）の火災では大きな被害を受けたようである。この時の再建には時間がかかり、弘安十年（一二八七）にようやく再建が終わっている。(45) 再建供養の導師は公朝という僧侶であった。(46) 公朝は藤原実文の息子であり、宗尊親王の下向とともに鎌倉にやってきたようである。彼は北条一族の名越朝時の猶子となっていたから、北条氏との関係が強かった。「永福寺別当次第」(47)には公朝が永福寺の別当に就任したと記されてい

(44)の位置注:

る。弘安十年（一二八七）の再建供養で導師を務めていることからすれば、実際に別当に就任していたのであろう。

「永福寺別当次第」に公朝の前任として永福寺の別当だと記されているのは、盛朝[48]という僧侶である。彼は北条一族の佐介時盛の子であった。時盛は建治三年（一二七七）に八十一歳で没しているから[49]、弘安三年（一二八〇）の火災や弘安十年（一二八七）の再建の頃に子の盛朝が別当であったとしても年齢的に不自然ではない。したがって、この盛朝と公朝のどちらか、あるいは両方が弘安年間の再建期における永福寺別当だったと考えられる。

しかし「永福寺別当次第」とは別の史料において、忍性が永福寺の別当的な立場であったことが記されている。

『本朝高僧伝[50]』には弘安四年（一二八一）に忍性が永福寺の「主務」になったと書かれており、『性公大徳譜[51]』には忍性が弘安七年（一二八四）に二階堂の別当となったとある。周知のように、忍性の率いる律宗教団には多くの技術者が含まれており、橋をかけるなどの社会的な事業に携わっていた。弘安の永福寺再建には、彼らのような技術者集団が必要だったとも考えられる。

忍性が実際に別当になっていたかどうかは判然としないが、永福寺の再建に忍性とその教団が協力していた可能性は高いだろう。

また、弘安年間の永福寺再建にあたって、盛朝や公朝のような北条氏と関わりの深い僧侶が別当に就任しているのは偶然ではあるまい。永福寺別当には再建に際して北条氏と関わりの深い僧侶が送り込まれているのである。ここから、北条氏が直接介入して永福寺再建を主導し、忍性をはじめとする律宗集団を動員して積極的に再建を推進しようとする幕府首脳の意図を読みとることが可能であろう。

弘安十年（一二八七）前後は幕府にとって重要な時期であった。文永の役（一二七四）と弘安の役（一二八一）とよばれるいわゆる蒙古襲来をなんとかしのいだものの、幕府が主導する日本側も多くの犠牲者を出し、引き続き元に対する警戒をゆるめることはできないでいた。そうした緊迫した時期に、なぜ永福寺を再建しなければならなかったのだろうか。

これまで述べてきたように永福寺は、①敵味方の区別なく犠牲となった人々を供養し、②自分たちが滅亡させた敵方の怨霊を鎮魂することで、③その戦争に自分たちが勝利したことを宣言するという性格を、創建時から付与されていた寺院であった。源頼朝が治承・寿永の内乱後に、そして北条時頼が宝治合戦の後に永福寺を建立あるいは復興していることを、本章ではこうした文脈で考えてきた。

したがって、弘安年間の再建もこの文脈で捉え直してみる価値はあるだろう。すなわち、①敵味方の区別なく犠牲となった人々の供養と、②自分たちが滅亡させた敵方の鎮魂、③そしてその戦闘が自分たちの勝利に終わったことの象徴として、幕府は永福寺を再建したと考えるのである。

①については、文永・弘安の役とよばれる二度の戦闘で敵味方の区別なく多くの人々が犠牲となっているから、彼らを供養する寺院として再建するのに永福寺はこれ以上ない存在であった。

二度の蒙古襲来後も元の脅威は去っていなかったから、②のように敵方を鎮魂するほどの余裕は実際にはなかったかもしれないが、だからこそ永福寺再建によって再襲来を予防する効果も期待されていたと考えられる。また、元軍は退却しているので一応は幕府軍の敗北ではなかったから、③のような勝利宣言という要件は満たしていた。少なくとも幕府は、自分たちが勝利したと周囲に示さなければならなかったはずである。

やや推測を重ねた感はあるが、永福寺の創建以来の性格である①②③は、この時期にも記憶されていたといえよう。

三　鎌倉幕府滅亡後

元弘三年（一三三三）に鎌倉幕府は滅亡する。この時に鎌倉を攻撃したのは新田義貞を中心とする軍勢であったが、足利氏に同情的な歴史書である『梅松論』[52]では、幕府滅亡後、足利尊氏の子でわずか四歳の千寿王（後の足利義詮）が総大将として鎌倉入りしたことが、次のように記されている。

【史料十一】『梅松論』新田義貞挙兵の事

さても関東誅伐の事は、義貞朝臣、其功を成すところいかゞ有けん、義詮の御所四歳の御時大将として御輿にめされて義貞と御同道有て、関東御退治以後は二階堂の別当坊に御座ありし。諸侍悉四歳の若君に属し奉りこそ目出けれ。是実に、将軍にて永々万年御座あるべき瑞相とぞ人申ける。

この史料によれば、「大将」の足利義詮（当時は幼名の千寿）は「二階堂の別当坊」に入ったようだ。永福寺の別当坊が居所とされていることから、彼の行動には①戦闘の犠牲者の供養、②敵方である北条氏の鎮魂の意味があると推測できる。また、四歳の大将がわざわざ永福寺を居所と定めた背後には、創建以来、永福寺に付与されてきた勝利宣言の寺院という性格が彼らに認識されており、新田義貞ではなく足利氏が鎌倉を制圧した勝利者であることを内外に喧伝したいという意識があったと想定できる。

つまり、義詮が永福寺の別当坊に入ったのは、永福寺のもつ三つの性格をふまえてのことだったと考えられるのである。

幕府滅亡の二年後にあたる建武二年（一三三五）には、北条高時の遺児である北条時行が鎌倉を足利直義から奪還する。これが中先代の乱である[53]。直義の敗戦を聞いた尊氏は京都から鎌倉へ向かい、すぐに時行軍をやぶって鎌倉を奪い返した。この時の『梅松論』の記事には次のようにある。

【史料十二】『梅松論』中先代の乱

去程に、将軍御兄弟鎌倉に打入二階堂の別当に御座ありしかば、京都より供奉の輩は、勲功の賞にあづかる事を悦、又、先代与力の輩は死罪流罪を宥められけるほどに、元非をくひて、いかにも忠節をいたさん事をおもはぬ者ぞなかりける。

この時にも、北条時行を打ち負かして鎌倉に入った足利尊氏・直義兄弟は「二階堂の別当」を居所としている。さらに時行に味方した人々の罪を免じて味方に引き入れたという。ここでも、寺の別当坊を居所としていることから、①戦闘による犠牲者の供養という意味合いが読みとれる。また、投降者の免罪という行為には、②敵方の鎮魂という行為につながる意味があったと想定できよう。そして義詮の場合と同様に、③自分たちが鎌倉を制圧した勝利者であることを勝利の象徴である永福寺の性格を利用して内外に宣言する意味合いもあったと考えられる。

永福寺が創建以来与えられてきた三つの性格は、鎌倉幕府滅亡後も人々の中に生き続けていたのである。『梅松論』の史料的な性格を考えれば、すべてが事実であったと断定するのには慎重にならなければならないが、少なくとも『梅松論』編纂の段階では上記のような意識がはたらいていたとしても問題あるまい。

文和元年（一三五二）三月には、観応の擾乱で対立関係となった弟の直義を滅ぼした足利尊氏がしばらく鎌倉に滞在する。この時に尊氏が居所としたのもやはり二階堂別当坊であった。(54) 直義を攻め滅ぼしたことに対して、尊氏が①戦闘の犠牲者を供養し、②弟の直義をはじめ敵方となって滅びた人々を鎮魂し、そして③鎌倉を奪還したという勝利宣言をするために永福寺の別当房に入ったと考えることは、これまでの経緯からすれば不自然ではあるまい。

幕府滅亡直後には千寿（足利義詮）が、中先代の乱を鎮圧した直後には尊氏・直義兄弟が、そして直義を滅亡させた直後には足利尊氏がそれぞれ永福寺の別当房に入っていると記された史料が残っているのだから、その意味は永福寺の持つ性格に求めるのが妥当であろう。

もちろん、永福寺別当房に彼らが居所を定めたのは、現実的な問題として永福寺が戦火を逃れて焼け残っていたからだとも考えられる。また戦闘が完全に決着していない段階では、三浦光村が「殊勝城郭」[55]と評した永福寺が、軍事的にも意味を持っていた可能性もある。

しかし、鎌倉には他にも焼け残った地域は多かったはずである。例えば幕府滅亡直後に境内の絵図が作成されている円覚寺や浄光明寺も戦火を逃れていた。[56]特に浄光明寺は、尊氏の妻の実家である赤橋氏の氏寺的寺院である。そのつながりで、中先代の乱後に足利尊氏が後醍醐天皇に恭順の意を表明するために蟄居しているように[57]、浄光明寺は足利氏とも関係の深い寺院であった。義詮をはじめとする足利氏は、この浄光明寺に居所を定める選択肢もあったはずである。

さまざまな選択肢がある中で、あえて永福寺別当坊が彼らの居所として選ばれているのは決して偶然ではあるまい。したがって、たとえ現実的・軍事的な要因があったとしても、また『梅松論』が事実とは異なる記述をしていたとしても、永福寺に上述した三つの意味が求められていたと考えることは十分に可能であろう。

以上のことから、創建時から永福寺は、三つの性格を付与されていたと考えられる。すなわち

①敵味方の区別なく戦闘によって犠牲となった人々の供養、②滅亡した敵方の鎮魂、③戦闘に勝利したことの象徴の三つである。これらは、幕府成立のために繰り広げられた治承・寿永の内乱、三浦氏が滅亡した宝治合戦、元軍を退却させた蒙古襲来、鎌倉幕府が滅亡した戦争、中先代の乱を鎮圧した戦い、弟の直義を尊氏が攻め滅ぼした争い、すべての場合において読みとることのできる性格であった。南北朝期以降になると次第に永福寺が廃れていったのは、こうした性格をもつ永福寺が広大な寺院であったために、簡単には再建できなくなっていったからであろう。

おわりに

本章では成立期から中世中期にいたるまでの永福寺をさぐることで、その性格や具体的な様相を明らかにしてきた。

第一節「永福寺の成立」では、永福寺建立の目的が、奥州合戦に限らず治承・寿永の内乱全体において敵味方の区別なく戦闘で犠牲となった人々を供養し、内乱をとおして頼朝に敵対した結果命を落とした敵方の人々を鎮魂する意味がこめられており、同時に内乱の勝利宣言という意味合いももっていたことを示した。また、その寺院が将軍の氏寺的な性格を帯びていたこともあわせて指摘した。

つづく第二節「二つの薬師堂」では、永福寺に二つの薬師堂が存在したことを改めて提示し、発掘調査によって検出された三つの堂舎は、三つ合わせて二階堂とよばれていたと想定した上で、二つの薬師堂と阿弥陀堂はまだ発掘調査の及んでいない地域にあるのではないかと考えた。

そして第三節「三つの性格」では、宝治合戦後の北条時頼による修理や弘安年間の火事後の再建にも、創建時と同様に①敵味方の区別なく戦闘による犠牲者を供養し、②滅亡した敵方を鎮魂し、そして③戦闘に自分たちが勝利したことを宣言する寺院という永福寺の性格が意識されていると考えた。その際の具体的な戦闘は宝治合戦と蒙古襲来である。

さらに、幕府滅亡後に千寿(足利義詮)、中先代の乱後に足利尊氏・直義の兄弟、観応の擾乱期には足利尊氏がそれぞれ永福寺別当房に入っていることから、これらの機会にも永福寺が①②③の性格をもつ寺院だと意識されていたのではないかと推測した。特に③に注目すると、永福寺は、鎌倉の外から見た、鎌倉制圧のシンボルだったのである。

永福寺を奥州合戦との関係だけで論じるのではなく、治承・寿永の内乱全体や幕府滅亡以後にまで視野を広げたことによって、以上のような永福寺のもつ三つの性格が浮かび上がってきた。また、文献史料を考古学の成果と無理に適合させるのではなく、それぞれの分野で把握されている情報を整合的に理解しようと試みたことによって、永福寺の具体的な様相に対する認識にも一石を投じることができたのではないかと考える。本章の論旨が発掘調査によって覆る可能性があることは承知しつつ、今後の発掘調査の更なる進展に期待したい。

注

（1）秋山哲雄作成「鎌倉地図」（関幸彦・野口実編『吾妻鏡必携』吉川弘文館、二〇〇八年）。

（2）赤星直忠『神奈川県史蹟名勝天然記念物調査報告書』六（一九三八年）など。なお同書を含めた成果は赤星直忠『中世考古学の研究』（有隣堂、一九八〇年）にまとめられている。

（3）毎年刊行された発掘調査報告書は、鎌倉市教育委員会・鎌倉考古学研究所編『集成鎌倉の発掘』七・八（新人物往来社、一九九五年）に再録されている。またこれらの発掘成果は『鎌倉市二階堂国指定史跡　永福寺跡　国指定史跡永福寺跡環境整備事業に係る発掘調査報告書』（鎌倉市教育委員会、二〇〇二年）で総括されている。

（4）鎌倉考古学研究所編『浄土庭園と寺院』（永福寺創建八〇〇年記念シンポジウム記録集、鎌倉市教育委員会、一九九七年）。鶴見大学文化財学会秋季シンポジウム「国指定史跡永福寺跡――鎌倉寺院址の多角的検討――」（二〇〇三年）。中世鎌倉研究会シンポジウム『日本史の中の永福寺』（二〇〇五年）など。

（5）佐脇栄智・川副武胤・貫達人『鎌倉市史社寺編』（吉川弘文館、一九五七年）「永福寺」の項。貫達人・川副武胤編『鎌倉廃寺事典』（有隣堂、一九八〇年）「永福寺」の項（初出は一九六一年）。原廣志「鎌倉における瓦の様式」（『仏教芸術』一六四、一九八六年）。馬淵和雄「鎌倉永福寺とその苑池」（同前）、福田誠「永福寺」（『仏教芸術』一七四、一九八七年）。小林康幸「関東地方における中世瓦の一様相」（『神奈川考古』二五、一九八九年）。福田誠「総論・永福寺」（鎌倉市教育委員会・鎌倉考古学研究所編『集成鎌倉の発掘』第七巻「永福寺他編（一）」新人物往来社、一九九五年）。蘇れ黄金・平泉祭実行委員会編『平泉と鎌倉』（同委員会、一九九五年）。小林康幸「鎌倉永福寺跡出土瓦の諸問題」（『立正考古』三一、一九九二年）。原廣志「鎌倉の中世瓦基礎資料」（第一回中世瓦研究発表資料、一九九四年）。福田誠「永福寺の発掘について」（『建築史学』二七、一九九六年）。馬淵和雄「永福寺の落日」（『史友』二八、一九九六

年）。福田誠「鎌倉永福寺の発掘庭園（特集　浄土庭園）」（『日本庭園学会誌』六、一九九八年）。小林康幸「鎌倉永福寺経塚の造営に関する一考察」（『考古学論究』六、一九九九年）。小林康幸「埼玉県下に分布する永福寺式軒瓦について」（『埼玉考古』三六、二〇〇一年）。吉田章一郎「永福寺跡正面の山から発見された経塚に関連して」（『鎌倉市二階堂国指定史跡　永福寺跡　国指定史跡永福寺跡環境整備事業に係る発掘調査報告書――遺物編・考察編――』鎌倉市教育委員会、二〇〇二年）。大三輪龍彦「永福寺跡の土木遺構及び仏教関係遺物について」（同前）。鈴木亘「永福寺跡建築遺構の考察」（同前）、龍居竹之介「永福寺跡の庭園遺構について」（同前）。中野政樹「永福寺跡出土の金工」（同前）。中里壽克「永福寺跡出土の漆製品」（同前）。田畑貞寿・宮内泰之「永福寺跡一帯の古植生について」（同前）。鈴木茂「史跡永福寺跡古環境変遷」（同前）。桃崎祐輔「常陸三村山採集の永福寺系瓦と「極楽寺」銘梵鐘」（『歴史人類』三一、二〇〇三年）など。

（6）古くは外村久江「宴曲の成立と鎌倉武士」（『学芸大学研究報告』一一、一九六〇年）があるが、永福寺を正面から扱ったものではない。

（7）吉田通子「鎌倉永福寺成立の意義」（『地方史研究』三三―六、一九八三年）。

（8）伊藤一美「奥州藤原氏と鎌倉」（『鎌倉』八五、一九九七年）。

（9）山田雄司「源頼朝の怨霊観」（今井雅晴編『中世仏教の展開とその基盤』大蔵出版、二〇〇二年）。

（10）『吾妻鏡』文治五年（一一八九）八月廿一日条。

（11）『吾妻鏡』文治五年（一一八九）九月三日条。

（12）「三有」の項（『日本国語大辞典』小学館）。

（13）「苦果」の項（『日本国語大辞典』小学館）。

（14）『吾妻鏡』宝治二年（一二四八）二月五日条。

(15)　御霊信仰に関する研究史は、西山良平「御霊信仰論」(『岩波講座日本通史』五（古代四)、岩波書店、一九九五年）に詳しい。

(16)　源頼朝の敗者に対する鎮魂や勝者としての償いについては、松尾剛次『中世都市鎌倉の風景』(吉川弘文館、一九九三年)、久野修義「中世寺院と社会・国家」(『日本中世の寺院と社会』塙書房、一九九九年。初出は一九九三年)、樋口州男「日本中世の内乱と鎮魂」(『日本中世の伝承世界』校倉書房、二〇〇五年。初出は二〇〇二年)、山本幸司『頼朝の精神史』講談社、一九九八年)、前掲注（9）山田論文などで言及されている。これらの論稿の中には、永福寺が奥州藤原氏のみを鎮魂の対象としていたとするものもある。しかし、本文で述べたように、永福寺が鎮魂の対象としたのは鎌倉幕府成立に至る一連の内乱における死犠牲者であり、奥州藤原氏に限定する必要はあるまい。

(17)　近年では田辺旬「鎌倉幕府の戦死者顕彰」(『歴史評論』七一四、二〇〇九年）が、石橋山の合戦で頼朝方として戦死した佐奈田義忠に対する鎌倉幕府の顕彰の意義を論じている。

(18)　以下の奥州合戦の評価に関する川合氏の見解は、川合康『源平合戦の虚像を剝ぐ』(講談社、一九九六年）を参照。

(19)　円覚寺や宝戒寺などに関する基本的な事項は、前掲注（5）佐脇・川副・貫書を参照。

(20)　『明月記』建保元年（一二一三）五月九日条。ただし『明月記』のこの前後の部分にはテキストとしてやや難が残るので、参考程度に考えたい。

(21)　『吾妻鏡』承元三年（一二〇九）十二月廿三日条。

(22)　以上の勝長寿院および頼朝法華堂に関する記述は、前掲注（5）貫・川副編書による。

(23)　『吾妻鏡』正治二年（一二〇〇）閏二月廿九日条。

(24)　四代将軍の九条頼経は『吾妻鏡』寛喜元年（一二二九）三月十五日条、五代将軍の九条頼嗣は『吾妻鏡』建長三年（一二五一）三月十日条、六代将軍の宗尊親王は『吾妻鏡』文応元年

（一二六〇）二月十八日条でそれぞれ永福寺において花見を行っている。

(25)『中右記』永久二年（一一一四）二月廿五日条。

(26)前掲注（2）～（9）に載せた研究はいずれも同様の評価をしている。

(27)前掲注（3）『鎌倉市二階堂国指定史跡　永福寺跡　国指定史跡永福寺跡環境整備事業に係る発掘調査報告書』より転載。

(28)『吾妻鏡』建仁三年（一二〇三）十一月十五日条でも同様に鎌倉の寺社に担当奉行人が配置されており、勝長寿院などとともに永福寺、阿弥陀堂、薬師堂にもそれぞれ奉行人が決められている。

(29)建築史的にこうした配置が一般的だという見解も想定しうるが、今までのところそうした根拠は管見に及んでいない。ただし、何らかの根拠が示された場合には、それを検討した上で薬師堂と阿弥陀堂の配置を確定させることには積極的に賛同したい。

(30)『吾妻鏡』建仁二年（一二〇二）三月十四日条。

(31)東光寺については前掲注（5）貫・川副編書参照。

(32)『吾妻鏡』承元三年（一二〇九）十月十日条。

(33)『吾妻鏡』建暦元年（一二一一）十月廿二日条。

(34)『吾妻鏡』建保四年（一二一六）八月十九日条。

(35)『吾妻鏡』建保五年（一二一七）十二月廿五日条。

(36)『吾妻鏡』承久元年（一二一九）九月廿二日条。

(37)『吾妻鏡』建久三年（一一九二）十一月廿五日条。

(38)前掲注（2）赤星書『中世考古学の研究』。

(39)前掲注（5）貫・川副編書「永福寺」の項。

(40)『吾妻鏡』建久三年（一一九二）十一月十三日条には「二階堂池奇石事、猶背二御気色一事等

相交之間、召二静玄一重被レ直レ之、畠山次郎、佐貫大夫、大井次郎運二巌石一、凡三輩之勤、已同二百人功一、御感及二再三一云々」という記事があり、二階堂近くに池があったことが分かる。

(41) 以上の記述は『吾妻鏡』宝治元年（一二四七）六月五日条による。

(42) 前掲注（5）貫・川副編書「永福寺」の項でも、永福寺の復興が「三浦一族を滅ぼしたことと何らかの関連があるようにも思われるが、勿論はっきりとしたことはわからない。」と述べられており、永福寺復興と三浦一族滅亡が関連することを示唆している。

(43) 『鎌倉年代記裏書』建長元年（一二四九）十一月廿三日条に「永福寺供養、導師隆弁法印〈若宮別当〉」とある。

(44) 『鎌倉年代記裏書』弘安三年（一二八〇）十月廿八日条。

(45) 『鎌倉年代記裏書』弘安十年（一二八七）八月廿四日条に「二階堂修理供養、導師公朝僧正」とある。

(46) 以下の公朝についての記述は、「北条氏系図考証」（北条氏研究会編『吾妻鏡人名総覧』吉川弘文館、一九九八年）を参照。

(47) 「広橋家記録」東京大学史料編纂所所蔵写真帳（十九冊）「東大寺・興福寺幷諸寺別当検校等次第」所載。

(48) 以下の盛朝についての記述は、前掲注（46）論文を参照。

(49) 『鎌倉年代記』・『武家年代記』元仁元年（一二二四）条。

(50) 「本朝高僧伝」（『日本仏教全書』名著普及会、一九七九年）。

(51) 極楽律寺所蔵「性公大徳譜」（東京大学史料編纂所所蔵謄写本）。

(52) テキストは新撰日本古典文庫『梅松論』（現代思潮社、一九七五年）による。以下同。

(53) 中先代の乱については、近年では鈴木由美「中先代の乱に関する基礎的考察」（阿部猛編『中世の支配と民衆』同成社、二〇〇七年）が詳しい。

(54)「鶴岡社務記録」文和元年(一三五二)三月十二日条に「将軍鎌倉入、二階堂別当房」とある。なおテキストは『改訂史籍集覧』廿五(臨川書店、一九八四年)を参照した。
(55)『吾妻鏡』宝治元年(一二四七)六月五日条。
(56)「円覚寺境内絵図」や「浄光明寺敷地絵図」および以下の浄光明寺に関する記述は、拙稿「都市の地主」(本書第三章)を参照願いたい。
(57)『梅松論』義貞・尊氏合戦の事。

第六章　鎌倉幕府の大将軍

はじめに

鎌倉幕府の「大将軍」といえば、征夷大将軍のことが第一に想起される。近年の研究では、源頼朝は征夷大将軍を望んだのではなく、「征夷」は朝廷の側からの命名であるとする説[1]が示されている。一方で、征夷大将軍という名称は、幕府の要請に九条兼実が応じたものであり、結果として征夷大将軍は、幕府の首長たる鎌倉殿の地位を象徴する職名だとする説も、以前から提示されている。[2]近年では、頼朝が求めたのは、他の勢力の「将軍」より格上の「大将軍」であったとする見解[3]もある。

ところで、近年の鎌倉幕府研究では、幕府の「超権門」的性格が指摘されてもいる。[4]幕府は「謀叛人」を独自に認定して軍事行動を展開できる点において、「超権門」的性格を有していたというのである。これにしたがえば、幕府の軍勢は、天皇の軍勢をも追討しうる軍隊であったということになる。この意味において、幕府の任じた「大将軍」は、国家的な軍勢を指揮する立場にあったとさえ評価することができる。

もちろんそれは、やや勇み足の議論であることは承知している。彼ら「大将軍」が「超権門」的な軍事行動をしていたと積極的に述べるつもりもない。

そこで本章では、幕府の軍勢の指揮官である「大将軍」となった人物をとりあげ、いかなる基準によって幕府の「大将軍」が選ばれたのかを概観する。また、検討の過程で、鎌倉という都市が「大将軍」にとっていかなる意味を持つのかについても考察を加えていきたい。これは、序章で河野眞知郎氏が指摘した、今後の検討課題のうちの、「政権中枢の場」と関わる問題である。

本章での検討によって、幕府の「超権門」的性格や国政上の位置にまで言及することができるとは考えていないが、少なくとも幕府の「大将軍」選定の基準を検討することによって、いかなる人物が幕府の「大将軍」となったかを明らかにすることで、そのはるか先の延長線上にあるかもしれない、鎌倉時代初期の征夷大将軍や、足利尊氏による将軍自称にまつわる議論の材料を提示することができればと考えている。

また、「大将軍」を検討することによって、鎌倉がいかなる性格の都市であるのかについても言及したい。

第一節　鎌倉時代前半の大将軍

幕府成立期の「大将軍」には、『吾妻鏡』寿永三年（一一八四）二月五日条にある一ノ谷の合戦の折に登場する源範頼（大手大将軍）と、源義経（搦手大将軍）が見られる。
また、頼朝が奥州平泉を攻撃した、いわゆる奥州合戦では、大手軍が源頼朝、「東海道大将軍」が千葉常胤と八田知家、「北陸道大将軍」が比企能員と宇佐美実政であった。[5] ここでは軍勢の指揮官が大将軍である。鎌倉から奥州へと向かう国々の有力な御家人が大将軍となったようである。奥州合戦は前九年合戦を先例としていたというから、[6] それらをふまえた人選と考えることもできよう。

つづいて承久の乱の際の「大将軍」を見てみよう。

『吾妻鏡』承久三年（一二二一）五月二十五日条によれば、幕府軍の「大将軍」は以下のようであった。すなわち、「東海道大将軍」は北条時房、北条泰時、北条時氏、足利義氏、三浦義村、千葉胤綱、「東山道大将軍」は武田信光、小笠原長清、小山朝長、結城朝光、「北陸道大将軍」は名越朝時、結城朝広、佐々木信実らである。

ここでは、原則的に北条氏の一族と、軍勢が通過する国々の国司や守護などの人物が大将軍となっているようである。実質的な大将格は、のちに六波羅探題の前身となる、北条時房と泰時であった。彼らは、当時の幕府執権の北条義時からみると、弟と嫡子にあたる。

つづく宝治合戦については、以下のような記述が『吾妻鏡』にある。

【史料一】『吾妻鏡』宝治元年（一二四七）六月五日条（傍線は筆者。以下同じ）

泰盛既及二攻戦一之上、無レ所三于被二宥仰一、先以二陸奥掃部助実時一、令警二衛幕府一、次差二北条六郎時定一、為二大手大将軍一、時定令レ撤二車排一、揚レ旗自二塔辻一馳逢、相従之輩如二雲霞一、

ここでは、金沢実時が将軍の御所を警備し、北条時定が「大手大将軍」となっている。

金沢実時は、九条頼経らが追放されて名越光時が失脚した、いわゆる寛元の政変の際に、「深秘御沙汰」(7)に参加するほど、幕府中枢に位置していた人物である。一方で北条時定は、北条時頼の同母弟である。

宝治合戦の際には、幕府中枢の金沢実時と、執権（得宗）の弟の北条時定が「大将軍」となっていたことになる。

第二節　異国征伐の大将軍

すでに知られているように、建治元年（一二七五）末頃に、西国の守護が大量に交代している。(8)たとえば【史料二】では「高麗征伐」とあり、【史料三】では「異賊征伐」、【史料四】では「異

国征伐」とあるように、この時の守護大量交替は、蒙古襲来に備えるのではなく、異国征伐がその目的だったようである。

【史料二】島津久時書状案（「薩藩旧記五忠経譜中」『鎌倉遺文』一二二九三）

為二高麗征伐一、被レ遣二武士一候、同可二罷渡一之由、被二仰下一候也、恐々謹言、

　建治二年後三月五日　　　久時御判

　大隅五郎殿

【史料三】「帝王編年記」巻二六（『国史大系』一二）

九州探題

前上総介実政〈越後守実時三男、建治元年十一月為二異賊征伐一下二向鎮西一、十七歳、弘安六年九月八日任二上総介一、同十月遷二長門国警固一、二十五、〉

これまでの研究[9]でもすでに明らかにされているように、この頃には、金沢実時の名代[10]の実政が、【史料三】にあるように「異賊征伐」のために鎮西に下向している。安達泰盛の名代の安達盛宗も、次の【史料四】にあるように、「異国征伐」のために軍士徴発を命じるなどしている。

【史料四】持蓮請文（「石清水文書」『鎌倉遺文』一二二六二）

異国征伐事、今年二月廿日大宰少弐殿御奉書案、同廿八日城次郎（安達盛宗）殿御奉書案、已上三通、謹以拝見仕候了、抑仏道房城次郎殿御使鎌倉まいられて候、持蓮分注進状進之候、恐々謹言、

（建治二年）三月十一日　　持蓮（花押）

進上　惣公文殿

建治頃の守護大量交替が、異国征伐を目指したものであったことはほぼ確実であろう。この時に新たに守護となった人物をまとめると、以下のようになる。

【建治元年末の守護交替[11]】

（国名）	（前守護）		（新守護）
〔長門〕	二階堂行宗	↓	北条宗頼
〔周防〕	不明	↓	北条宗頼
〔筑後〕	大友頼泰	↓	塩田義政
〔豊前〕	少弐資能	↓	金沢実時（名代：実政）
〔肥後〕	少弐資能	↓	安達泰盛（名代：盛宗）
〔石見〕	伊藤三郎左衛門	↓	塩田義政の子息か

〔越前〕後藤基頼　→　吉良満氏
〔伯耆〕北条政長　→　佐原頼連か
〔能登〕不明　→　名越宗長
〔播磨〕小山宗長　→　北条時宗
〔備中〕不明　→　北条時宗

守護が交替した国々を見るだけでも、九州や中国地方の国が多く、異国征伐を意識した人事異動であったことが容易に推測できる。この時の新守護には、どのような人物が選ばれたのであろうか。便宜的に右記の表で示した順に血縁関係[12]などをたどると、以下のようになる。

北条宗頼は、当時の執権で得宗でもある北条時宗の弟であった。塩田義政は当時の連署である。石見には、義政の子が名代として現地に赴任したと推定される。豊前の新守護の金沢実時は、幕府の一番引付頭人であった。一番引付頭人は、幕府では執権・連署につぐ地位である。彼が鎌倉を離れるわけにはいかないので、子息の実政が名代として現地へ派遣され、現地の指揮官の一人として活動したようである。

肥後の新守護の安達泰盛は、五番引付頭人であった。執権で得宗の北条時宗の義理の父でもある。彼も鎌倉を離れられないので、息子の盛宗が名代として現地へおもむき、現地の指揮官の一人となったようである。

能登の新守護の名越宗長は、父を早くに失っており、当時の四番引付頭人であった名越公時の保護下にあったのではないかと推測される。この推測が正しければ、宗長は四番引付頭人の名代的な立場であったことになる。

以上のような新守護の人選を概観すると、新守護には幕府中枢を担う人々の名代的な立場の人物が、鎌倉から現地にむかったことが分かる。すなわち、執権の弟、連署の子息、一番・四番・五番引付頭人の名代らの人々である。

もちろん、新守護に名を連ねていない引付頭人もいた。二番引付頭人の北条時村と三番引付頭人の北条宗政の二人である。二番引付頭人と三番引付頭人は、一番引付頭人に次ぐ、幕府内で格の高い地位であった。

二番引付頭人の時村は、建治三年（一二七七）に六波羅探題北方として上洛しており、時期的にやや遅れるものの、守護の大量交替に準じるような人事異動であったと考えられる。

三番引付頭人の北条宗政は、建治三年（一二七七）には塩田義政の後任として筑後守護となっている。やや時期の下った弘安四年（一二八一）には長門守護となり、おそらく子息の万寿を現地に派遣している。[13] 塩田義政の動向についてここでふれる余裕はないが、宗政もまた、建治元年の守護大量交替からそれほど遠くない時期に、西国の守護の一翼を担う存在となったのである。

ところで、守護大量交替の際の新守護には、北条一族でない者も含まれる。[14] 吉良満氏と佐原頼連の二人である。彼らはのちに霜月騒動で安達泰盛方として討たれているようなので、安達泰盛との関係で守護に任じられたと推定できる。

また、承久の乱では「東海道大将軍」に足利義氏、三浦義村の名がみえる。奥州合戦が前九年合戦を先例としたように、異国征伐計画も承久の乱を先例として、足利義氏の一族の吉良満氏と、三浦義村の一族の佐原頼連を新守護に指名したと推定することもできる。

以上をまとめると、建治元年（一二七五）末頃の守護一斉交替で新たに守護となったのは、執権の名代、連署の名代、一番・四番・五番引付頭人の名代、そして承久の乱を先例とした足利一族の吉良・三浦一族の佐原らであったことになる。また、もう少し長いスパンで考えれば、二番・三番引付頭人も、六波羅探題や筑後・長門守護となっていた。幕府の西国における要職への人員配置は、幕府中枢の人々の弟や息子といった名代を派遣するというのが基本的な方針であったと考えられよう。

弘安四年（一二八一）になると、肥前の守護が少弐経資から北条時定にかわる。(15) 時定は、時頼の同母弟である。『歴代鎮西志』弘安五年（一二八二）条には次のようにある。

【史料五】

北条遠江守為時〈又タ曰時定〉為ニ異賊之武備一下向処筑ノ姪ノ濱ニ〈或ハ曰博多〉遂ニ押テ称ニ奉行所一

これによれば、時定の下向は「為二異賊之武備一」であり、彼は姪浜（博多）に滞在したようである。時定は当時の得宗で執権でもある時宗の名代的な立場として、現地の指揮官として期待されて下向したと推定できる。

また、その約十年後にも「異国打手大将軍」なるものが任じられている。それを示すのが次の史料である。

【史料六】『親玄僧正日記』正応五年（一二九二）十一月廿四日条

廿四日　今日寄合、異国打手大将軍事、可二治定一云々

ここにあるように、鎌倉の寄合で「異国打手大将軍」が決まっている。その「大将軍」となったのは、後掲の【史料七】【史料八】などから、北条兼時と名越時家であることが分かる。

【史料七】『実躬卿記』永仁元年（一二九三）三月七日条

亥、天晴、今暁六波羅北方越後守盛（兼）時、為二異国警固一下二向西国一之由風聞、仍卯刻為二見物一遣レ出於二七條大宮一、見物車済々、雑人成レ市、辰刻進発、始二北方一、各直乗（垂）、負二野矢一、帯レ剣、（中略）騎不レ知二其員数一、

【史料八】『実躬卿記』永仁元年（一二九三）四月七日条

今夕名越右近大夫時家入洛、可㆑下㆑向㆓西国㆒仁也、為㆓異国警國（固）㆒也云々、其勢五百餘騎云々

【史料七】では、傍線部にあるように、越後守兼時が異国警固のため西国に下向したとある。【史料八】の傍線部では、名越時家が異国警固のために西国に下向したとある。北条宗頼の子で時宗の甥であり、時宗の猶子でもあった。兼時は、当時の得宗の北条貞時からみれば、数少ない義弟にあたる。兼時は長門・播磨・摂津守護を歴任し、六波羅探題の南方を経て北方となっていた人物である。肥後の守護となって、実質的な「大将軍」として鎮西に赴く際には、六波羅から鎌倉へわざわざ一度もどってきている。

本来ならば、当時の一番引付頭人である北条時村の子が派遣されてもおかしくはないのだが、時村の子の為時は、弘安九年（一二八六）にすでに二十二歳で没していた。そのため、一番ではなく二番引付頭人の子である時家が、「大将軍」に選ばれたのであろう。

ここでは、執権で得宗でもある貞時の、義理の弟にあたる兼時と、二番引付頭人の子である名越時家が「異国打手大将軍」として鎮西に派遣されたことになる。二人の下向は、「異国警固」のためとも称された。

兼時と時家は、それぞれ軍勢を率いて鎌倉から鎮西にむかった。鎮西各国の守護には、兼時の

指揮にしたがうよう厳命が下る。二人の存在は、のちの鎮西探題の前身となった。

鎮西探題の人選の基準については、これまで一定の説を見てこなかったが、鎌倉から派遣される「大将軍」として彼らを位置づけると、幕府の征夷大将軍との相似形が見えてくる。

幕府の征夷大将軍は、原則として二代目までしか続いていない。三代続けて将軍となった一族はいないのである。

たとえば源氏三代は、頼朝・頼家・実朝と続いたが、頼家と実朝は兄弟なので、実質的には親子二代限りの将軍である。つぎのいわゆる摂家将軍も、頼経・頼嗣という二人で断絶している。

親王将軍は四人いた。最初の親王将軍の宗尊親王の後は宗尊の子の惟康親王が将軍となっている。次に親王将軍となった久明親王の後は、久明の子息の守邦親王であった。しかし、惟康と久明の間に親子関係はない。これをふまえると、征夷大将軍は親子二代までという暗黙の了解があったと推測できる。少なくとも事実としては、幕府の将軍は二代までしか続いていない。守邦親王がもし幕府滅亡前に没していれば、彼の子息は将軍にはなれなかった可能性が高かったであろう。

一方で、鎮西探題も二代目までしか継承されていない。「異国打手大将軍」であった北条兼時と名越時家は三年後に鎌倉に帰っている。本格的な鎮西探題に最初に就任した金沢実政のあとは、その子の政顕が継承したが、政顕の子の種時が本格的に探題として活動したかどうかには懐疑的な意見もあり、あくまでも代理だったのではないかとさえ指摘(16)されている。

次の探題の阿蘇随時は、時頼の同母弟である時定の孫であった。随時は鎮西で正応四年（一二九一）に生まれたが、正和四年（一三一五）に鎌倉で二番引付頭人を短期間だけ経験して、再び鎮西に戻り、文保元年（一三一七）に鎮西探題となっている。鎮西探題の現地での継承は二代目まででしか認められていなかったため、随時は特例措置として一時的に鎌倉に戻ってから、改めて鎮西に下向して探題となったのであろう。形式的ではあるが、鎌倉の引付頭人が鎮西に派遣されるという形をとったのだと考えられる。

随時の子の治時も鎮西の生まれであった。彼はおそらく鎌倉の地を踏んだことがないために、鎮西探題となれずに鎌倉へともどされたのであろう。まだ幼いために探題を勤めることができないという現実的な判断もあったと考えられる。彼は鎌倉で得宗である高時の猶子となったらしい。最後の探題となった赤橋英時は、元亨元年（一三二一）に探題に就任している。彼は当時の幕府一番引付頭人の赤橋守時の弟であった。これまでの経緯からすれば、鎮西探題は、幕府一番引付頭人の名代クラスが就任する役職と認識されていたので、彼はまさにそれにふさわしい人物であった。英時は、幕府のこれまでの先例をふまえた妥当な人選を経て、一番引付頭人の名代として、改めて鎌倉から鎮西探題として派遣されたのである。

以上のような鎮西探題の人選をもとに、探題の選定基準を改めて整理してみよう。探題は鎌倉から派遣された人物とその次の世代までしか就任できず、種時や治時のように鎌倉を知らない三代目は、鎮西探題となることができなかった。三代目まで世代が進んだ場合には、鎌倉の二番引付頭人を経験させてから鎮西に派遣する随時のようなケースや、幕府の一番引付頭人の弟である英時を名代として、改めて鎌倉から鎮西に派遣するというようなケースがあったと考えられる。

いずれにせよ鎮西探題は二代限りで、鎌倉を知らない三代目には継承されず、後任には幕府の二番引付頭人本人、または一番引付頭人クラスの人物の名代が、改めて鎌倉から鎮西に派遣されるというのが、幕府の基本的な認識だったようである。鎌倉には、異国征伐の「大将軍」が出発する場所という意味が付与されていたのである。

幕府の征夷大将軍も、異国征伐の「大将軍」を起源とする鎮西探題も、敵地に侵入せずに、敵に備えて警固する存在であるという点で似ている部分がある。そして両者とも、現地の鎌倉や鎮西では二代目までの継承しか確認できていない。異国との国境の手前にとどまり、外敵を征伐するという名目でそこに滞在するという点で、二つの「大将軍」は列島の東西で相似形をなしていたともいえる。

第三節　西国へ向かう大将軍

鎌倉時代末期になると、鎌倉から西国へ軍隊が派遣されるようになる。いわゆる元弘の変などとよばれる事件などに際してである。

元弘の変については、佐藤進一氏が示した「光明寺残篇」が貴重な史料として残されている。この史料では、軍勢を指揮する守護クラスの武士が「大将軍」とよばれている。(17)『鎌倉年代記裏書』には、この時のことについて次のように示されている。

【史料九】『鎌倉年代記裏書』元徳三年（一三三一）九月二日条

仍九月二日、任承久例、可上洛之由被仰出、同五六七日面々進発、大将軍、陸奥守貞直（大仏貞直）、右馬助貞冬（金沢貞冬）、江間越前入道（名越時見）、足利治部大輔高氏（足利高氏）、御内御使長崎四郎左衛門尉高貞、関東両使秋田城介高景、出羽入道道蘊

この時に「大将軍」となっているのは、大仏貞直、金沢貞冬、江間越前入道（名越時見）、足利高氏らである。これらは承久の乱の先例にならったものであるという。

大仏貞直は、大仏宗泰の子である。宗泰は嘉元三年（一三〇五）に二番引付頭人を辞任している人物である。没年は不詳。その子の貞直は、元亨二年（一三二二）には早くも四番引付頭人、嘉暦二年（一三二七）には三番引付頭人、元徳二年（一三三〇）には二番引付頭人となっていた。派遣された当時は、現役の二番引付頭人である。

金沢貞冬は金沢貞顕の子であった。貞冬の生年は未詳だが、兄の金沢貞将は乾元元年（一三〇二）生まれなので、それ以後の生まれであろう。兄の貞将は元徳二年（一三三〇）には一番引付頭

人となっている。金沢貞冬は、一番引付頭人である兄の、名代的な立場だったのであろう。江間越前入道（名越時見）は、名越篤時の子である。篤時は正応五年（一二九二）に没している。名越時見は、名越氏の祖である名越朝時からみれば曾孫にあたる。かつて名越朝時は、承久の乱では北陸道の「大将軍」として活躍した人物であった。

足利高氏は、のちの足利尊氏である。彼の祖先もまた、承久の乱で活躍している。名越時見と足利高氏の登用は、承久の乱の先例にならったものであろう。

つまりこの時の「大将軍」の編成は、二番引付頭人の本人、一番引付頭人の名代、『鎌倉年代記裏書』が示すような承久の乱の先例に沿った名越・足利の、それぞれによって構成されていたことになる。

その後も幕府は、悪党鎮圧のためなどに西国に軍勢を送った。「楠木合戦注文」（『続々群書類従』所収）によれば、元弘三年に幕府軍が西国に軍勢を派遣したことが分かっている。この時の「大将軍」は、阿蘇治時、大仏高直、名越宗教の三人であった。

阿蘇治時は阿蘇随時の子で、得宗の血を引く名門である。父の随時は、鎮西で生まれ育つも一年だけ鎌倉で二番引付頭人を経て鎮西探題となっている。随時が元亨元年（一三二一）に探題在任のまま没すると、鎌倉を知らない鎮西生まれの三代目であった四歳の治時は、鎌倉に送られて高時の猶子となったらしい。治時は得宗高時の猶子という得宗の名代的な立場として、「大将軍」に抜擢されたのであろう。かつての鎮西探題の子息であることも、彼が選ばれた条件のひとつであったかもしれない。

大仏高直は大仏維貞の子である。維貞は嘉暦二年（一三二七）に連署・陸奥守在任中に没している。彼の幕府内での出世はかなりのものであった。高直の兄の家時は父維貞の嫡子であり、元徳元年（一三二九）には十八歳で評定衆となっていた。高直は、出世をきわめた父の嫡子となった兄家時の、いわば名代として「大将軍」となったのであろう。

名越宗教は名越教時を父にもつ。教時は文永九年（一二七二）の二月騒動で討たれているので、その子の宗教はかなりの高齢だったことになる。名越氏は承久の乱では北陸道の「大将軍」として活躍しているので、ここでもその先例が重視されたと考えるほかあるまい。

つまりこの時の幕府軍の「大将軍」は、得宗の猶子（元鎮西探題の子）、元連署の家の名代、承久の乱の先例に沿った名越氏、という編成だったということになる。

第四節　鎌倉を守る大将軍

鎌倉にむかって新田義貞らが軍勢を進めた際にも、鎌倉から「大将軍」が派遣されている。この頃の史料は少ないので、以下の記述は、ほぼ『太平記』[18]によっている。一次史料に比べればやや信憑性に難があるとはいえ、『太平記』が幕府の大将格の人名を作為的に入れかえることまではしないだろうと考え、幕府の「大将軍」の名前は信用できるものとして論を進める。なお、

『太平記』では「大将軍」ではなく「大将」としている。ここでの大将は、これまでの検討で登場した「大将軍」と同格のものとして扱うことにして、論を進めたい。

その『太平記』(19)によれば、幕府軍の大将は、金沢貞将と桜田貞国であった。金沢貞将は金沢貞顕の子である。貞顕はすでに出家して引退していたが、幕府内の有力者であった。そして貞将本人も、当時の一番引付頭人という重職にあった。一方で桜田貞国は、北条時頼の孫にあたる人物で、数少ない得宗傍流の一族である。いわば得宗の名代として抜擢されたのだと推測できる。したがって、新田義貞の挙兵の段階で最初にさしむけられた幕府軍の指揮官は、一番引付頭人と、得宗の名代だったことになる。しかしいずれも敗退して、鎌倉に帰還することを余儀なくされた。

敗戦を知ると、北条高時は弟の北条泰家を派遣したようである。この時には、幕府中枢を構成する得宗の弟が派遣されたのである。彼には塩田国時が副えられた。国時はすでに一番引付頭人を辞任した立場であったが、その経験を買われて登用されたのであろう。かつて一番引付頭人を経験したという意味では、充分な経験をもっていたことになる。つまり二度目の幕府軍の編成は、得宗の名代である泰家と、元一番引付頭人の国時だったということになる。

その後の戦いでも敗れた幕府軍は、鎌倉をめぐる攻防戦を強いられることとになった。新田義貞らの鎌倉攻撃が始まると、幕府方も防備を固めた。『太平記』によれば、内容にやや混乱のあるものの、鎌倉の西部を防衛ラインとしたようである。化粧坂には「金沢越後左近大夫将監」

が大将格として送られた。海側の極楽寺方面には、大仏貞直が大将格として派遣されている。山内方面の州崎には、赤橋守時が送られたらしい。いずれも関東から動員された武士を引き連れての防戦であった。

金沢越後左近大夫将監は、詳しい血縁関係は分からないものの、永井晋氏[20]によれば、名乗りからして金沢顕時の子であった可能性があるという。これにしたがえば、当時の一番引付頭人であった金沢貞将の叔父にあたる人物である。貞将はすでに三日前に敗戦したばかりだったので、出陣の準備が間に合わず、そのため、かわりに叔父の越後左近大夫将監が起用されたのであろう。

極楽寺方面の「大将軍」となった大仏貞直は、当時の二番引付頭人であった。

もう一人の大将で州崎方面に派遣された赤橋守時は、当時の執権であった。執権みずからが出陣していたのである。守時が戦死すると、その後には金沢貞将が送り込まれた。貞将が選ばれたのは、戦死した赤橋守時の執権という高い地位の後任として、執権に次ぐ地位である一番引付頭人である金沢貞将がふさわしいと考えられたからであろう。

つまりこの時の幕府方の三人の大将は、一番引付頭人の名代の金沢越後左近大夫将監、二番引付頭人の大仏貞直、執権の赤橋守時（その戦死後は一番引付頭人の金沢貞将）、だったことになる。ここでも、幕府の要職にある人物かその名代が、大将格として起用されていることが分かるであろう。

こうした「大将軍」を戦場に送り込んだ幕府であったが、周知の通り、数日のうちに滅亡することとなった。

おわりに

奥州合戦や承久の乱では、北条一族や有力御家人、あるいは軍勢が通過する国々の守護などが大将格となっていた。そこにはもちろん、それまでの前九年合戦の先例も考慮されていたであろう。

また承久の乱では、当時の執権であった北条義時にとっては、弟の時房と息子の泰時が「大将軍」として活躍したことによって、幕府軍が勝利を収めることができた。おそらくこれをひとつの先例として、幕府中枢部の弟や子息が、戦争の際には鎌倉から「大将軍」として派遣されるようになったのであろう。

実際に、蒙古襲来に備えて現地に赴いたのは、執権や引付頭人の人々の弟や息子などといった名代たちであった。彼らは鎌倉を出発し鎮西へと赴いていった。幕府中枢の人々は、左遷するような感覚で「大将軍」を派遣していたのではなく、自らの弟や猶子、息子たちを戦場へと送り込んだのである。

しかし鎮西では、同じ一族が三代続けて鎮西探題となることはなかった。鎌倉から派遣された人物とその息子までしか、探題になれなかったのである。鎌倉を知らない三代目の人物が現地の軍事司令官として強大な権限を持つことに、幕府は警戒心を抱いていたのかもしれない。だからこそ幕府中枢部は、「大将軍」を鎌倉から派遣することにこだわっていたのではないだろうか。

そしてそれは、鎌倉幕府の将軍が、親子二代までしか継承されなかったこととよく似ていた。

征夷大将軍は、文字通り征夷のための将軍だが、敵地にまで乗り込んで占領し、そこに本拠を構えるところまではしない。国境地帯の手前となる関東にあって、そこで政務にあたることが、結局は幕府の役目となっていた。

鎮西探題も、異国征伐計画の任を担う可能性もあったが、結局それは実現しなかった。高麗にまで攻め入ることはせず、国境の手前に拠点を構えて政務に当たり、博多でもっぱら防衛につとめていた。

鎌倉幕府と鎮西探題の姿は、列島の東西で相似形をなすかのようである。もちろん、征夷大将軍と幕府の任じた「大将軍」とが同列の関係にあるとは考えていないが、現象面では、両者に類似性があることを指摘しておきたい。

鎌倉幕府滅亡に際しても、「大将軍」に選出されたのは、執権(得宗)、引付頭人、あるいはその名代などの人物であった。これは蒙古襲来に備える際と同様の選出基準である。しかし、実際に戦闘が鎌倉近くにまで及ぶと、名代だけではなく、執権、連署、引付頭人など幕府中枢を形成する人々本人が「大将軍」となって軍勢を率いることになった。

遠方の西国や鎮西には弟や息子を名代として派遣し、鎌倉近くの戦いでは、当初は幕府中枢の人々の名代が、そして最後は中枢の人々の本人たちが戦ったのである。これが、幕府の「大将軍」選定のひとつの基準であったといえよう。

最後に、やや独断めいた推測をのべて結びとしたい。近年、足利尊氏を将軍家とよぶことを室町幕府の成立とする説が家永遵嗣氏[21]によって提示されている。尊氏が将軍を名のるような文書を発給するようになると、西国の武士はおおむね尊氏を将軍家と認識するようになったというのである。そしてこれが室町幕府の成立へとつながるという。少なくとも尊氏を将軍家と認識し始めたのは、西国の武士たちであった。

鎮西や西国では、鎌倉時代以来、異国征伐のための「大将軍」などが多くやってきていた。鎮西探題も、幕府や六波羅探題の滅亡が決定的となってから攻撃を受けている。現地の武士たちは、大きな反発もなく比較的穏やかに「大将軍」や鎮西探題にしたがっていた。足利尊氏が将軍家と自称して西国の武士の糾合に成功したのは、鎌倉時代以来、西国の武士たちは、将軍にはしたがうものだという認識があったからではないだろうか。

頼朝の征夷大将軍や足利尊氏の将軍自称については、論理の飛躍の誹りを免れ得ないが、本章の目的は、鎌倉幕府の任じたさまざまな「大将軍」の人選基準を明らかにすること、および鎌倉が「大将軍」の出発地であると認識されていたことにあることを確認して、本章を閉じたい。

注

(1) 櫻井陽子「頼朝の征夷大将軍任官をめぐって」(『明月記研究』九、二〇〇四年)。
(2) 杉橋隆夫「鎌倉右大将家と征夷大将軍」(『立命館史学』四、一九八三年)、同「鎌倉右大将家と征夷大将軍・補考」(『立命館文学』六二四、二〇一二年)。

（3）下村周太郎「「将軍」と「大将軍」」（『歴史評論』六九八、二〇〇八年）。
（4）川合康「研究展望 鎌倉幕府研究の現状と課題」（『日本史研究』五三一、二〇〇六年）。
（5）『吾妻鏡』文治五年（一一八九）七月十七日条。
（6）川合康『鎌倉幕府成立史の研究』（校倉書房、二〇〇四年）。
（7）『吾妻鏡』寛元四年（一二四六）六月十日条。
（8）佐藤進一『鎌倉幕府守護制度の研究』（東京大学出版会、一九七一年）、村井章介『アジアのなかの中世日本』（校倉書房、一九八八年）など参照。
（9）前掲注（8）村井書など。
（10）守護本人ではなく、守護の近親者が現地に赴任することを、本章では名代と表現する。この点については、前掲注（8）村井書を参照。
（11）前掲注（8）。
（12）以下の北条氏の血縁関係などは、細川重男『鎌倉政権得宗専制論』（吉川弘文館、二〇〇〇年）、北条氏研究会編『北条時宗の時代』（二〇〇八年、八木書店）などを多く参照した。こうした研究の蓄積が、北条氏や鎌倉幕府の研究の進展に果たしている役割は非常に大きい。
（13）拙稿「長門国守護をめぐって」（『北条氏権力と都市鎌倉』吉川弘文館、二〇〇六年。初出は二〇〇五年）。
（14）弘安八年十二月二日「安達泰盛乱自害者注文」（『鎌倉遺文』一五七三八号、「熊谷直之氏所蔵梵網戒本疏日珠抄裏文書」）。
（15）前掲注（8）。
（16）川添昭二「北条種時について」（『金沢文庫研究』一〇〇、一九六四年）。
（17）前掲注（8）佐藤書。
（18）本章では、『太平記』（『日本古典文学大系』三四、岩波書店）を参照した。

(19)『太平記』巻十

去程ニ京都ヘ討手ヲ可レ被レ上事ヲバ閣テ、新田殿退治ノ沙汰計也。同九日軍ノ評定有テ翌日ノ巳刻ニ、金沢武蔵守貞将ニ、五萬餘騎ヲ差副テ、下河辺ヘ被レ下。是ハ先上総・下総ノ勢ヲ付テ、敵ノ後攻ヲセヨト也。一方ヘハ桜田治部大輔貞国ヲ大将ニテ、長崎二郎高重・同孫四郎左衛門・加治二郎左衛門入道ニ、武蔵・上野両国ノ勢六萬餘騎ヲ相副テ、上路ヨリ入間河ヘ被レ向。

(20) 永井晋『金沢貞顕』（吉川弘文館、二〇〇三年）。

(21) 家永遵嗣「室町幕府の成立」（『文学部研究年報（学習院大学）』五四、二〇〇七年）。なお、尊氏が将軍家を自称するようになるのは、以下の史料が初見だとされている。

細川和氏・顕氏連署奉書（「下総染谷文書」『南北朝遺文』中国・四国編、二四五）

阿波国勝浦庄公文職大栗彦太郎跡〈肆分壹〉事、為二勲功之賞一、所レ被二宛行一也、守二先例一可レ致二沙汰一者、依二将軍家一仰、下知如レ件

建武三年（一三三五）二月十五日　兵部少輔（細川顕氏）（花押）

阿波守（細川和氏）（花押）

漆原三郎五郎殿

おわりに

本書では、序章から第六章までを通じて、中世鎌倉の内実をあきらかにし、また鎌倉が外の世界にとってどのような役割を果たしていたのかを検討してきた。同時に、鎌倉という都市がもつ歴史的な意義について考察してきた。

第一章では、都市が「道」「館」「寺」の順に形成されていくことをふまえた上で、成立期の鎌倉では街道沿いに館が建てられ、さらに館の周囲に寺が建てられたことを指摘した。したがって成立期の鎌倉は、明確な領域をもたず、街道沿いに館と寺が散在的に所在するかたちをなしていたことを提示した。また、鎌倉に先行する都市である平泉の在り方にも似たところがあることも、あわせて示した。

第二章では、第一節で鎌倉で起きた「珍事」を、第二節では「謀書」をめぐる一族内の訴訟を、第三節では花押が据えられていない留守所下文をそれぞれ素材として、移動する武士の存在を指摘した。

武士たちは、田舎や京都・鎌倉をはじめとする複数の地域とのつながりを持っており、一ヶ所にとどまっているような性格の集団ではなかったのである。これらをふまえ、在地領主の在り方を改めて検討し直す余地があると指摘した。

第三章では、「浄光明寺敷地絵図」と「円覚寺境内絵図」という二つの絵図を検討し、絵図に描かれた屋地が、本来は寺の所有するものであり、絵図にその名を書き込まれた武士たちは、地子を支払ってその屋地を寺から借り受け、幕府への出仕のために必要な控え室として利用したり、その屋地内に家人を住まわせたり、さらに下層の人々に又貸ししたりしていた。又貸しする場合にはさらに地子が発生していたと考えられる。

上記をふまえると、都市における寺院は、都市における地主でもあったことになる。特に鎌倉の寺院は、鎌倉幕府滅亡後には遠隔地の所領の維持が困難となり、収入が減少したはずだが、鎌倉公方が健在の間は、鎌倉公方に出仕する武士たちに屋地を提供し、その対価として地子を得ていれば、それなりの収入があったであろう。鎌倉における寺院は、地子という借地料を徴収する地主でもあったのである。

第四章では、北条政子の居所をたどり、それが政子の政治的立場を表していることを指摘した。政子は頼朝在世期には大倉御所郭内に住んでおり、これは政子が将軍の妻という立場にあったことを反映していると推測した。頼朝没後に政子は、大倉御所郭内の「大御所」に住んでいた。おそらく頼朝の住んでいた御所を継承したものであろう。その間に将軍の頼家は、のちに「東御所」とよばれる建物に住んでいた可能性が高い。

頼家が失脚して実朝が将軍となると、政子が「東御所」に移り、実朝が頼朝以来の御所である「大御所」に住んだと考えられる。この時は、頼朝以来の建物が将軍を体現する邸宅だったのであろう。

実朝の暗殺直後は、実朝が住んでいた建物に政子が「東御所」から移住したと考えられる。京都から次期将軍となる三寅が鎌倉に下向してきても、政子は「大御所」に住んでいたが、そこが火事で焼けてしまうと、北条義時亭の郭内にある三寅の住む邸宅に同居している。当時の実質的な将軍であった政子は、次期将軍である三寅の身柄を確保することに成功したのである。

以上のように、政子の居所がどこであったかが、政子の政治的立場を象徴していた様子を明らかにした。

第五章では、鎌倉に頼朝が建立させた寺院である永福寺について考察した。

永福寺が従来は奥州合戦の犠牲者を鎮魂するための寺院ととらえられていたことを再検討し、永福寺建立の目的が、①奥州合戦に限らず治承・寿永の内乱全体において敵味方の区別なく戦闘で犠牲となった人々を供養し、②内乱をとおして頼朝に敵対した結果命を落とした敵方の人々を鎮魂する意味がこめられており、同時に、③内乱の勝利宣言という意味合いももっていたこと、の三点を示した。鎌倉の外側に発信された永福寺のもつこれらの性格は、後の宝治合戦や蒙古襲来、観応の擾乱の際にも利用されたことを指摘した。

また、永福寺の伽藍には、薬師堂がひとつしか建てられていなかったという従来の見解を再検討し、永福寺には二つの薬師堂が存在したことを推定した。

最後に第六章では、鎌倉幕府が派遣する「大将軍」の人選に注目した。

承久の乱において、当時の執権であった北条義時の弟の時房と息子の泰時が「大将軍」として活躍したことによって、幕府軍が勝利することができた。おそらくこれをひとつの先例として、幕府中枢部の人々の弟や子息が、戦争の際には鎌倉から「大将軍」として派遣されるようになったと考えられる。

実際に、蒙古襲来に備えて現地に赴いたのは、執権や引付頭人の人々の弟や猶子、息子などといった名代たちであった。彼らは鎌倉を出発し鎮西・西国へと赴いていった。こうして、鎌倉は「大将軍」の出発地という性格をもつようになった。

したがって、鎌倉を知らない鎮西生まれの三代目は探題になれなかった。幕府は、鎌倉を知らない人物が強大な権限をもつことに、警戒心を抱いていたようである。だからこそ、幕府中枢部は「大将軍」を鎌倉から派遣することにこだわったのであろう。

鎮西探題は、高麗に侵攻する命を実行する可能性もあったが、高麗にまで攻め入ることはしなかった。国境の手前に拠点を構えて政務に当たり、博多で蒙古軍に備えていた。「夷」を征伐するという意味をもつ征夷大将軍を擁する鎌倉幕府もまた、敵地に侵攻せず関東にとどまって政務に当たっていた。ここに見える鎮西探題と鎌倉幕府の姿は、列島の東西で相似形をなすかのようである。

鎌倉幕府滅亡の合戦においても、「大将軍」に選出されたのは、執権（得宗）、引付頭人、あるいはその名代などの人物であり、実際に戦闘が鎌倉近くにまで及ぶと、名代ではなく、幕府中枢を構成する人々本人が「大将軍」となって軍勢を率いることになった。

このように第六章では、鎌倉は「大将軍」の出発地であり、実際に鎮西や西国の守護となって現地に赴いたのは、執権や引付頭人の人々の弟や猶子、息子などといった名代たちであったと推定した。また、鎮西探題と鎌倉幕府の相似性についても指摘した。

以上のように、鎌倉の内実と外からみた鎌倉の持つ性格を明らかにしてきた。残された課題は多いが、鎌倉のもつ鎌倉らしさを見極められる視点を探り、鎌倉の歴史的意義をより深めていきたいと考えている。

あとがき

本書は、筆者の執筆した四冊目の著書である。論文をまとめた論文集としては、約十年ぶりに世に問う二冊目の研究書である。研究書としての前書『北条氏権力と都市鎌倉』(吉川弘文館、二〇〇六年)と比べて分量は半分近くとなり、検討対象も、前書が北条氏と都市鎌倉であったのに対して、今回は都市鎌倉だけとなっており、私の研究分野が鎌倉に集中していることが分かる著書となった。それだけに、本書の研究対象である鎌倉の世界遺産登録がならなかったことは残念でならない。

しかし、本書でも書いたように、世界遺産に登録されなかったとしても、鎌倉の歴史的意義が損なわれるわけではない。その歴史的意義が、本書によって衆目を集めることになれば、望外の幸いである。

なお、筆者の北条氏や鎌倉幕府に関する見解は、「敗者の日本史」第七巻『鎌倉幕府滅亡と北条氏一族』(吉川弘文館、二〇一三年)にまとめたので、あわせてご参照いただきたい。

さて、ここでは、本書の各章について、ちょっとした思い出を書いてみたい。なお、すべての章は、初出時のものに加筆修正している。したがって、本書が筆者の最近の見解をまとめたものだとお考えいただきたい。

本書の序章「都市鎌倉研究の現在」は、『歴史評論』から依頼されて書いた文章をもとにしているが、一騒動あった原稿である。というのも、依頼は二〇〇〇文字詰め原稿用紙三十枚とあったのに対して、何を勘違いしたのか、四〇〇文字詰め原稿用紙三十枚分を書き上げてしまったのである。それに気づいたのが、締め切りの一ヶ月ほど前だったので、手直しをする時間はとれたが、せっかく読者に紹介しようとしていた論文を半分にまで削除せざるを得なかったことを残念に思っていた。

今回、著書としてまとめるに際して、当初に書いた四〇〇字詰め原稿用紙三十枚バージョンを復活させることができたので、あの時のもやもやが晴れたような気がしている。

第一章「成立期鎌倉のかたち」は、平泉で開催された中世都市研究会で発表した内容を文章化したものである。引用した論文が余りに少ないことを批判された研究発表であったが、「道」「館」「寺」というキーとなる概念が、同時に平泉に関する報告をした八重樫忠郎氏の内容と近似していると勝手に解釈し、勇気を得た文章である。

第二章「移動する武士たち」は、現在の職場に就職してすぐに、紀要に論文を書くようにという命を受けて、なんとか絞り出した論文である。二〇〇六年に博士論文を刊行した後、まったく論文のネタがなかったので、何とかおもしろそうな史料を集めて、どうにかして自分の考え方を説明しようとした文章である。抜刷をお送りした高名な研究者の一人から、「なかなか楽しく読めました」というお葉書をいただき、ほっとした記憶が残っている。

第三章「都市の地主」は、東京大学史料編纂所の高橋慎一朗氏に誘われた研究会で刊行した著作に寄稿したものである。その研究会は、日本中世史だけでなく、西洋史や建築史、美術史など、いろいろな研究分野の方が「都市」という共通項だけで集まった会であり、毎回の研究報告は本当に刺激的である。

この章で扱った「浄光明寺敷地絵図」は、二〇〇〇年に「発見」されたこともあって、多くの方が考察を加えており、拙稿と異なる見解も少なくない。しかし、議論の対象となる「新しい」史料が「発見」された時期に立ち会えたのは、誠に貴重な機会であった。まだ議論の余地は残されていると思うので、多くの研究者に見てもらいたい史料である。

第四章「北条政子の居所とその政治的立場」は、東京大学での恩師である村井章介先生の、退職を記念してまとめられた論文集に寄稿したものである。これを書いた年は、職場の学外派遣制度を利用して東京大学史料編纂所に籍を置いて研究ができた年であったが、『鎌倉幕府滅亡と北条氏一族』（吉川弘文館、二〇一三年）を書く前の二ヶ月程度で論文としてまとめなければならなかった。しかし、着手するのに長い時間がかかった文章である。当初は異なるテーマについて書こうと思っていたのだが、思うように史料が集まらず、途方に暮れていた。

そんな折、北条氏の邸宅と寺院について扱った卒業論文（改稿して前書に掲載）のために作成したファイルを見直していたら、北条氏の中でも重要な人物である、北条政子の邸宅の変遷をたどることは、あきらめたままであったことに気づいた。さっそく『吾妻鏡』の索引で政子の動きをたどって、なんとか論文化したのがこの章である。

卒論を書いた時には、全然意味の分からなかった『吾妻鏡』が、その時よりは読めるようになっていたため、政子の動きをほとんどたどることができた。史料解読能力がちょっとでも進歩したのかと、少しだけ自信を深めた論文である。

第五章「都市鎌倉における永福寺の歴史的性格」は、阿部猛編『中世政治史の研究』（日本史史料研究会）に寄稿した論文であるが、その内容は、もとは二〇〇五年におこなわれたシンポジウムでの報告をまとめ直したものである。なかなか新しい見解が見いだせず、かなり悩んだ論稿であった。大風呂敷を広げすぎた感は否めないが、たたき台のひとつにでもなれば幸いである。

第六章「鎌倉幕府の大将軍」は、『東北中世史研究会会報』に寄稿した文章である。二〇一二年の中世史サマーセミナーで、東北大学の柳原敏昭氏や東北学院大学の七海雅人氏から直接に、東北中世史研究会での研究発表のご依頼をいただき、その後、その発表をもとに論文化したものである。その頃は、拙著『鎌倉幕府滅亡と北条氏一族』を執筆していた時期だったので、研究発表の準備がなかなかとれなかったが、拙著を書く過程で思いついたことをまとめて、何とか書き上げることができた。いわば拙著のスピンオフといった内容である。

これらに、もう数本の論文を書き足すつもりであったが、なかなかうまくまとまらず、時間ばかりが過ぎてしまった。しかし、序章は研究史整理の文章で鮮度が重要な要素となるので、あまり時間を空けるのは良くないと考え、あえて上記のようなラインナップの著書となった。消化不良の感は否めないが、断片的であっても、鎌倉の様相が明らかになっていれば幸いである。

最後に、本書の刊行を引き受けて下さった、勉誠出版の吉田祐輔氏に感謝の言葉を申し上げたい。吉田氏とは、筆者と田中大喜氏、野口華世氏とで共編著した『日本中世史入門』の刊行以来のつきあいである。同書の作成に当たっても、内容に鮮度があるうちに早く刊行した方が良いという適切なアドバイスをいただき、なんとか原稿を集めて発刊することができた。聞いたところでは、同書は重版出来とのこと。少しはご恩返しになっていればと願っている。

重版出来を記念して共編著者三人と吉田氏を囲んで酒宴をもうけた時、単著の本を勉誠出版から刊行してくれないかと打診したところ、ご快諾をいただいた。この時のお言葉に甘えて発刊したのが本書である。

考えてみると、いつも私は誰かに甘えている。おそらくこれからもそうだろう。一人の人間として、もっとしっかりしなくてはと思う毎日である。私を支えてくれるすべての方々に感謝の意を表して、拙著を世に送り出したい。

とある喫茶店の一隅にて

秋山哲雄

初出一覧

※本書掲載にあたり、全て加筆修正をした。

巻頭言　（新稿）

序　章　都市鎌倉研究の現在（『歴史評論』七五二、二〇一二年）

第一章　成立期鎌倉のかたち（『都市のかたち』山川出版社、二〇一一年）

第二章　移動する武士たち（『国士舘史学』一二、二〇〇八年）

第三章　都市の地主（『中世の都市』東京大学出版会、二〇〇九年）

第四章　北条政子の居所とその政治的立場（『中世政治社会論叢』東京大学日本史学研究室紀要　別冊、二〇一三年）

第五章　都市鎌倉における永福寺の歴史的性格（阿部猛編『中世政治史の研究』日本史史料研究会、二〇一〇年）

第六章　鎌倉幕府の大将軍（『東北中世史研究会会報』二三、二〇一三年）

おわりに　（新稿）

古文書料紙論叢

古代から近世における古文書料紙とその機能の変遷を明らかにし、日本史学・文化財学の基盤となる新たな史料学を提示する。

湯山賢一 編・本体一七〇〇〇円（＋税）

紙の日本史
古典と絵巻物が伝える文化遺産

長年の現場での知見を活かし、さまざまな古典作品や絵巻物をひもときながら、文化の源泉としての紙の実像、そして、それに向き合ってきた人びとの営みを探る。

池田寿 著・本体二四〇〇円（＋税）

中世地下文書の世界
史料論のフロンティア

中世において、朝廷・幕府や荘園領主の側ではなく、「地下」の側＝地域社会において作成され、機能した文書群である地下文書の実態を明らかにする。

春田直紀 編・本体二八〇〇円（＋税）

公卿補任図解総覧
大宝元年（七〇一）～明治元年（一八六八）

大宝元年～明治元年の一一六八年間における『公卿補任』掲載の全現任公卿二三二一人の人事記録を図解、位階・年齢・日付とともに一覧できる基礎資料の決定版。

所功 監修／坂田桂一 著・本体九八〇〇円（＋税）

平家物語 長門本・延慶本対照本文

平家物語諸本の中で最も古い形態を残す延慶本・長門本の本文を上下に対照させ、両者の本文・章段構成の違いを明示。平家物語成立の問題を究明する必須の資料。

麻原美子・小川栄一 ほか編・本体四四三〇〇円（＋税）

『玉葉』を読む 九条兼実とその時代

『玉葉』を詳細に検討し、そこに描かれた歴史叙述を諸史料と対照することにより、九条兼実と九条家、そして同時代の公家社会の営みを立体的に描き出す。

小原仁 編・本体八〇〇〇円（＋税）

歴史のなかの根来寺 教学継承と聖俗連環の場

寺院史・政治史における最新の研究成果、また、遺構調査および文化財調査の新知見より、新義真言宗の総本山である根来寺の実像を明らかにする。

山岸常人 編・本体三八〇〇円（＋税）

夢の日本史

日本人と夢との関わり、夢を語り合う社会のあり方を、さまざまな文書や記録、物語や絵画などの記事に探り、もう一つの日本史を描き出す。

酒井紀美 著・本体二八〇〇円（＋税）

日本中世史入門
論文を書こう

秋山哲雄・田中大喜・野口華世 編・本体二七〇〇円（＋税）

歴史学の基本である論文執筆のためのメソッドと観点を日本中世史研究の最新の知見とともにわかりやすく紹介、歴史を学び、考えることの醍醐味を伝授する。

吾妻鏡地名寺社名等総覧

菊池紳一・北爪寛之 編・本体三八〇〇円（＋税）

『吾妻鏡』に記載される地名や寺社名などを網羅的に抽出し、記事本文とともに分類・配列。日本中世史の根本史料を使いこなすための必携書。

武蔵武士を歩く
重忠・直実のふるさと　埼玉の史跡

北条氏研究会 編・本体二七〇〇円（＋税）

武蔵武士ゆかりの様々な史跡を膨大な写真・図版資料とともに詳細に解説。史跡や地名から歴史を読み取るためのコツや、史跡めぐりのルート作成方法を指南。

秩父平氏の盛衰
畠山重忠と葛西清重

埼玉県立嵐山史跡の博物館
葛飾区郷土と天文の博物館 編・本体三八〇〇円（＋税）

二人の相異なる鎌倉武士のあり方を、最新の中世史研究の成果、中世考古学資料、各地域にのこる伝承など多角的な視点から論じ、秩父平氏の実像を明らかにする。

著者略歴
秋 山 哲 雄（あきやま・てつお）
1972年生まれ。国士舘大学文学部教授。
専門は日本中世史。
主な著書に『北条氏権力と都市鎌倉』（吉川弘文館、2006年）、『都市鎌倉の中世史』（吉川弘文館、2010年）、『鎌倉幕府滅亡と北条氏一族』（吉川弘文館、2013年）などがある。

鎌倉《かまくら》を読《よ》み解《と》く
——中世都市の内と外

平成29年10月11日　初版発行

著　者　秋山哲雄

発行者　池嶋洋次
発行所　勉誠出版株式会社
〒101-0051　東京都千代田区神田神保町3-10-2
TEL：(03)5215-9021(代)　FAX：(03)5215-9025
〈出版詳細情報〉http://bensei.jp/

印　刷
製　本　中央精版印刷

ISBN978-4-585-22194-4　C1021

索　引

人名索引

【か行】

【さ行】

【た行】

【な行】

【は行】

【ま行】

【や行】

【ら行】

【わ行】

地名索引

【な行】

【は行】

【ま行】

【や行】

【ら行】

【わ行】

【あ行】

【か行】

【さ行】

【た行】

【な行】

【は行】

【ま行】

【や行】

【ら行】

【わ行】